Nadine Krüger

Meine leichte & schnelle

Küche

vgs EGMONT

Vorwort

Ich war 3 Jahre alt, als ich das erste Mal am Herd stand. Es gab Zuckerschoten, frisch geerntet im Garten meiner Eltern. Zum Nachtisch heiße Himbeeren.

Leichte und schnelle Küche auf meinem Kinderherd.
Jetzt, mit 30 Jahren, sieht mein Alltag natürlich ganz anders aus. Aber die Experimentierfreudigkeit am Herd ist die gleiche ...
Jeder hat so seine eigenen Erlebnisse aus der Kindheit. Gerüche, Bilder, Momente, an die man sich mit einem Schmunzeln gerne erinnert. Gemeinsam zu kochen, gehört für mich definitiv dazu. Wie oft habe ich meine Mama angerufen: „Du, was brauche ich alles für den Specksalat? Meiner schmeckt nicht so lecker wie deiner!“ Wer kennt das nicht, da will man die große Liebe mit einem Candle-Light-Dinner beeindrucken. Die Kerzen alleine bringen 2 Herzen aber nicht zusammen. Liebe geht ja bekanntlich durch den Magen.

Aber wer hat schon die Zeit, täglich ein Drei-Gänge-Menü zu zaubern, dabei noch die perfekte Hausfrau und Mutter zu sein – und der Job macht sich auch nicht von allein? Mir geht es da nicht anders. Ich stehe jeden Morgen sehr früh auf. Was isst man, wenn man um halb 4 beim Frühstücksfernsehen anfängt zu arbeiten? Brötchen?! Das ist auf Dauer ziemlich langweilig ... Und tagsüber, 3 bis 5 kleine Mahlzeiten? Ganz ehrlich, das schaffe ich auch nicht jeden Tag. Dabei kann Ernährung so abwechslungsreich sein.

Hier finden Sie 120 leichte und schnelle Gerichte für Sie und Ihre Lieben, die man einfach nachkochen und zubereiten kann. Lassen Sie sich von den Rezepten inspirieren und improvisieren Sie je nach Ihrem Geschmack.

„Kinder an den Kochtopf“ ist das Stichwort.
Besonders beim Abschmecken und Dekorieren helfen die Kleinen gern. Wer weiß, welche Kreationen aus Spaß und Leidenschaft dabei gezaubert werden?

Vielleicht geeiste Zuckerschoten mit Himbeerpüree ...

Mit diesem Buch möchte ich nicht nur Ihnen eine Freude machen, sondern auch das SOS-Berufsausbildungszentrum in Berlin unterstützen.
Es ist heutzutage für viele junge Leute nicht einfach, einen Ausbildungsplatz zu bekommen.
Das Team um Burkhard Schäfer kümmert sich von Herzen um jeden einzelnen Jugendlichen, der im BAZ eine 2-3jährige Ausbildung zum Koch oder zur Restaurantfachkraft macht. Ein Euro pro Buch fließt direkt in dieses Projekt.
Wenn Sie sich persönlich von den Nachwuchsköchen überzeugen und bewirten lassen wollen, dann schauen Sie doch einmal im Restaurant „Rossi“ vorbei.

Viel Spaß beim Kochen!

Ihre

Inhalt

Inhalt

Vita d'or
OLIVENÖL

Köstlichkeiten mit wenig Kohlenhydraten

Weniger Kohlenhydrate muss nicht mehr Fett heißen!

Kohlenhydratarme Diäten sind in aller Munde. Die Bezeichnung Low Carb stammt aus dem Englischen und bedeutet „wenig Kohlenhydrate“. Zu den Low-Carb-Diäten zählen beispielsweise die Atkins-Diät, die Southbeach-Diät, die Glyx-Diät oder die LOGI-Methode. Sie alle empfehlen: viel Eiweiß, wenig Kohlenhydrate. Alle Nahrungsmittel, die viel Stärke enthalten, sind tabu: Zucker, weißes Mehl, Brot, Nudeln, Kartoffeln, Reis.

Der amerikanische Kardiologe Dr. Robert C. Atkins ging in seinem ersten Diätbuch aus den 70er-Jahren so weit, dass er alle Kohlenhydrate verbannte – auch die in Gemüse und Obst. Dafür propagierte er, dass man Fett und Eiweiß essen könne, so viel man wolle: Sahne, Steak, fette Saucen, Eier, Käse.

Seither haben Low-Carb-Diäten einen schlechten Ruf – aber auch jede Menge eiserne Verfechter. Neuere Low-Carb-Diäten wie die Glyx-Diät oder die LOGI-Methode empfehlen jedoch längst neben einer eiweißreichen Ernährung den Verzehr von viel Gemüse, Obst und eine vernünftige Kombination an gesunden, mehrfach ungesättigten Fettsäuren. Das heißt: viel Gemüse anstelle von Nudeln, Reis oder Kartoffeln, Vollkorn statt Weißmehl, magere Hühnchenbrust oder Fisch statt fetter Wurst, pflanzliche Öle statt Sahne, fettarme statt fettreicher Milchprodukte.

Ballaststoffe

Ballaststoffreiche Ernährung ist sehr wichtig (z.B. Vollkornprodukte). Man kaut mehr als beim Toastbrot, dadurch wird mehr Magensäure produziert, man fühlt sich schneller satt, da das Vollkorn im Magen aufquillt und die Darmtätigkeit wird angeregt.

Vorsicht Heißhunger!

Einfache Kohlenhydrate (z.B. Zucker, Fruchtzucker) führen zu einem hohen Blutzuckerspiegel. Viel Zucker im Blut benötigt viel Insulin, um ihn wieder abzubauen. Durch den schnellen Anstieg beider Werte wird meist mehr Blutzucker abgebaut als notwendig. Die Folge: Heißhunger!

Komplexe Kohlenhydrate

Komplexe Kohlenhydrate und Stärke, wie in Weißmehl und Vollkornprodukten, führen zu einem niedrigeren Blutzuckeranstieg. Es wird weniger Insulin ausgeschüttet, der Blutzucker wird langsamer abgebaut, und wir fühlen uns länger satt.

Eiweiß sättigt länger!

Eiweiß erhöht den Blutzucker nicht und macht länger satt als Kohlenhydrate. Außerdem verhindert ein ausreichender Verzehr von Eiweiß, dass bei einer Diät Muskelmasse statt Fett abgebaut wird. Gute Eiweißquellen: Fisch, mageres Fleisch, Milchprodukte, Eier, Nüsse, Hülsenfrüchte, Soja.

Dickmacher Insulin

Wer viel Zucker (z.B. Schokolade) zu sich nimmt, erhöht damit seinen Blutzuckerspiegel. Der Körper reagiert darauf mit Ausschüttung von Insulin. Insulin hat die Funktion, Glukose und Fett in die Zellen zu transportieren. So führt eine hohe Insulinausschüttung zu einer erhöhten Speicherung von Fett.

Fleischlose, schlanke Rezepte für Genießer

Nicht nur der Verzicht auf fettes Fleisch macht schlank ...

Ob aus Überzeugung oder nur um ein paar tierische Fette zu sparen – diese vegetarischen Gerichte schmecken immer. Hier können Sie sich auf gesunde Weise mit Gemüse, Salat oder Pasta schlank schlemmen!

Auch wenn es immer wieder Studien gibt, die belegen, dass Vegetarier seltener unter Gewichtsproblemen leiden als der Rest der Bevölkerung, wollen wir Ihnen hier nicht eine fleischlose Ernährung empfehlen.

Sicher: Wer sich vegetarisch ernährt, vermeidet automatisch gesättigte tierische Fette und Kalorien aus fetten Fleisch- und Wurstwaren. (Das DGE empfiehlt aber 2-3 Fleischmahlzeiten pro Woche). Doch ob Sie Vegetarier sind oder nicht, ist und bleibt eine Frage der Lebenseinstellung.

Dennoch hat die Rubrik „Vollwert und Gemüse" seine Berechtigung in diesem Buch. Denn egal ob Sie auf der Suche nach einem „schlanken" Gericht sind, Rücksicht auf Vegetarier in Ihrer Familie oder unter Gästen nehmen müssen oder einfach nach kalorienarmen, fleischlosen Rezepten für zwischendurch suchen – hier werden Sie fündig.

Der Vorteil der vegetarischen Gerichte: Sie stecken voller kalorienarmer Vitamine und ballaststoffreichem Gemüse – und eignen sich daher prima zum Abnehmen oder Gewicht halten. Denn der Grund, warum Vegetarier meist schlanker sind als Menschen, die Fleisch essen, liegt vor allem an dem hohen Anteil von Gemüse, Obst und Vollkornprodukten in ihrer Ernährung – den gut sättigenden Lebensmitteln mit wenig Kalorien.

Ein weiteres Geheimnis vieler Vegetarier: Rohkost. Um Rohkost zu verdauen, braucht unser Körper mehr Energie als für gekochte Nahrung, d.h. er verbrennt schon beim Essen mehr Kalorien.

Vegetarier oder Veganer?

Über den Verzehr von Nahrungsmitteln, die von Tieren produziert werden, wie Eier oder Milchprodukte gehen die Ansichten der Vegetarier auseinander. Die völlige Ablehnung tierischer Produkte wird als Veganismus bezeichnet.

Fleischlose Minderheit?

Laut Umfragen leben in Deutschland fünfzehn Prozent der Befragten ohne Fleisch und Wurst und neun Prozent essen keinen Fisch. Ungefähr sieben bis acht Prozent der Bevölkerung sind Vegetarier, darunter mehr Frauen als Männer.

Mangelerscheinungen?

Heute gilt als als gesichert, dass jeder gesunde Mensch ohne weiteres auf Fleisch verzichten kann. Studien zeigten sogar, dass Ratten, die pflanzliches Eiweiß bekommen, gesünder sind und ungefähr doppelt so lange leben.

Genügend Eiweiß

Achten Sie als Vegetarier auf genügend Eiweiß, Eisen, Vitamine (B-Vitamine) in Ihrer Ernährung. Bei dem Verzicht auf Fleisch und Fisch muss darauf geachtet werden, dass der Körper trotzdem genug Eiweiß (s.o.) erhält. Gute Eiweißquellen sind Milchprodukte, Eier, Hülsenfrüchte, Soja, Nüsse und bestimmte Getreidesorten wie Amaranth.

Fantastische Rezeptideen mit wenig Fett

16 Tipps, mit denen Sie ganz leicht eine Menge Fett sparen

So kriegen Sie Ihr Fett weg. Mit meinen köstlichen, fettarmen Rezepten und diesen Tipps fällt ein fettarmes Leben leicht.

1. Legen Sie sich eine beschichtete Pfanne zu. Damit tun Sie sich und Ihrer Gesundheit einen Gefallen: Jetzt ist das Anbraten auch ohne Fett möglich.
2. Mit Öl-Wasser-Gemisch im Fett-Sprüher kann man Salat anmachen.
3. Gesättigte Fette (z.B. Butterschmalz) hoch erhitzen, dann das Fleisch darin braten. So schließen sich die Poren schnell und es kann kein Fett eindringen.
4. Achtung! Erhitzen Sie ungesättigte Fettsäuren (z.B. Olivenöl) nicht zu hoch. Sie haben einen niedrigen Rauchpunkt. Blauer Qualm bedeutet: Krebsgefahr (Acrolein).
5. Tupfen Sie in Fett Gebratenes vor dem Servieren einfach mit einem Küchenpapier ab.
6. Messen Sie Butter und Öl ab, nie „nach Gefühl" zugeben.
7. Wählen Sie bei Milch die fettarme Variante zum Backen, für Saucen oder zum Kaffee.
8. Verwenden Sie frische Kräuter zum Würzen und sparen Sie dafür an Salz und Sahne, Butter und Öl.
9. Saucen können Sie auch mit rohen geriebenen Kartoffeln binden.
10. Bratkartoffeln, Pommes oder Chips haben bis zu 40 g Fett pro 100 g, besser sind Pell- oder Salzkartoffeln.
11. Obstkuchen sind eine fettarme Alternative zu Sahnetorten. Hefeteig ist besser als Rührteig, denn Rührteig enthält viel Fett.
12. Überschüssige Fettschichten von Brühen oder Saucen können Sie nach dem Erkalten problemlos abnehmen.
13. Brot dünn bestreichen, lieber fettarme Aufstriche wie Magerquark, Kräuterquark, Senf, Meerrettich oder Halbfettmargarine verwenden.
14. Statt Saucen mit Sahne zu verfeinern, fettarme Kondensmilch oder Joghurt verwenden.
15. Nie mit einem Hungergefühl einkaufen gehen, man kauft zu viel und zu fett ein. Machen Sie sich lieber eine Einkaufsliste.
16. Wasserreiche Gemüsesorten lassen sich bei schwacher Hitzezufuhr in wenig Flüssigkeit und ganz ohne Fett garen.

Mit den als „fettarm" gekennzeichneten Gerichten wird die schlanke Küche ein Fest für Genießer. Denn hier wurde nur an ungesunden Fetten gespart – nicht am Geschmack! Da lässt sich das Gewicht spielend verringern.

Ungesunde Fette

Langkettige, gesättigte Fettsäuren erhöhen den Cholesterinspiegel. Sie kommen überwiegend in Fetten tierischen Ursprungs vor: Butter, Hartkäse, Sahne, Schmalz, Fleisch und Wurstwaren, Kokosfett und Palmkernfett.

Lebenswichtige Fette

Essentielle Fettsäuren sind Fette, die der Körper nicht selbst herstellen kann und die daher mit der Nahrung aufgenommen werden müssen: Omega-3 und Omega-6-Fettsäuren. Gute Lieferanten sind fetter Seefisch, Nüsse, Leinöl und Olivenöl.

Fettarme Milchprodukte

Bei Milchprodukten gibt es viele fett- und somit kalorienarme Varianten. Achten Sie bei Käse sowie Quark auf den Fettgehalt in der Trockenmasse (Fett i. Tr.). Dieser sollte unter 30 Prozent liegen. Bevorzugen Sie fettarme Varianten bei Milch und Joghurt.

Vorsicht, versteckte Fette!

Achten Sie bei Fertiggerichten und verpackten Produkten auf die Zutatenliste – je weiter vorne Fett darin auftaucht, umso mehr Fett ist darin enthalten. Versteckte Fette sind auch in Fertigsalatsaucen – besser Dressing selbst zubereiten.

Köstliches muss nicht viele Kalorien haben!

So einfach kann Abnehmen sein: Fünf Tricks fürs Kalorienkonto

Wer mehr Kalorien verbrennt als er am Tag isst, nimmt ab. So lautet die einfachste aller Diätregeln. Raffinierte Rezepte mit weniger als 500 Kalorien pro Portion finden Sie auf den folgenden Seiten!

Beim Thema Abnehmen dreht sich meist alles ums Thema Kalorien. Zu Recht. Denn egal, welche Diät oder Ernährungsweise Sie bevorzugen, es gilt immer: Nur wenn der Kalorienverbrauch höher ist als die Kalorienzufuhr, greift unser Körper auf Fettreserven zurück. Deshalb empfehlen wir zum Abnehmen auch eine Doppelstrategie: Mit mehr Bewegung mehr Kalorien verbrennen und mit kalorienarmen Rezepten Kalorien sparen. Hier die besten Tricks für Ihr persönliches Kalorienkonto:

Magenfüller: Ballaststoffreiche Lebensmittel (z.B. Vollkornprodukte), Rohkostsalat, Gemüse, Obst und Suppen füllen den Magen und signalisieren dem Gehirn ein Sättigungsgefühl.

Appetitbremse: Auch Wasser füllt den Magen. Viel und regelmäßig trinken, kann bei einigen Menschen den Appetit bremsen. Tipp: Nach dem Aufstehen und vor jeder Mahlzeit ein Glas Wasser trinken. Magenfreundlicher ist lauwarmes Wasser.

Sattmacher: Lebensmittel, die gleichzeitig stärke- und ballaststoffreich sind, (z. B. Vollkornbrot, - nudeln, - cerealien), halten den Blutzuckerspiegel im Gleichgewicht und machen dadurch länger satt.

Hungerstopper: Regelmäßige Mahlzeiten über den Tag wirken günstig auf den Blutzucker und vermeiden so Heißhungerattacken. Wer dazu noch langsam und bewusst isst, nimmt Sättigungssignale besser wahr.

Kalorienfresser: Sport verbraucht viele Kalorien und hilft deshalb beim Abnehmen.Wenn Sie keine Zeit für Sport haben sollten, können Sie auch bei der Hausarbeit überflüssige Kalorien verbrennen.

Garantiert kalorienarm

Mit Obst und Gemüse liegen Sie immer richtig, denn sie bestehen überwiegend aus Wasser und sind äußerst kalorienarm. Außerdem liefern sie viele lebenswichtige Vitamine, Mineralien, Ballaststoffe und sekundäre Pflanzenstoffe.

Figurfalle Getränke

Viele Kalorien verstecken sich in Getränken. Fruchtsäfte enthalten wertvolle Vitamine aber auch Zucker und somit Kalorien. Am besten verdünnen Sie diese mit Wasser. Die meisten Kalorien stecken in Limonaden, Cola und alkoholhaltigen Getränken.

Kalorienverbrauch erhöhen

100 Kalorien verbrennen Sie mit 10 Min.: Kisten schleppen, 14 Min.: schwere Gartenarbeit, 15 Min.: Möbel rücken, 16 Min.: wild tanzen, 16 Min.: Boden schrubben, 18 Min.: flott gehen, 19 Min.: Auto waschen, 30 Min.: flott spazieren gehen.

Kalorien einsparen

100 Kalorien sparen Sie, wenn Sie sich Folgendes verkneifen: 2 TL Nutella, 4 Scheiben Salami, 1 große Kokosmakrone, 2 EL Sahnesauce, 3 Stückchen Schokolade, 10 Kartoffelchips, 1 EL Geflügelsalat mit Mayo, 1 Glas Sekt, 1 Glas Rotwein.

Kleine Sünden ohne schlechtes Gewissen

Verführerische Vitaminbomben feuern Ihre Fettverbrennung an

Läuft Ihnen beim Gedanken an Schokolade, Eis oder Gummibärchen das Wasser im Mund zusammen? Dann gehören Sie wohl zu den Naschkatzen, die den süßen Sünden nur schwer widerstehen können. Leider machen sich viele Naschereien schnell auf der Waage bemerkbar. Doch wer schlank werden (oder bleiben) will, muss nicht gänzlich auf Süßes verzichten. Denn nicht alle Süßigkeiten und Desserts setzen sich gleich auf die Hüften. Wenn Sie nur ab und zu naschen und geschickt auswählen, müssen Sie kein schlechtes Gewissen haben.

Wer Kalorien sparen will, sollte auf Energie- und Fettgehalt von Süßigkeiten achten. So hat z.B. Milcheis im Vergleich zu Fruchteis doppelt so viele Kalorien. Wer es noch schlanker möchte, kann auch einfach Joghurt (am besten fett- und zuckerarm) einfrieren.

Sie müssen also keineswegs immer auf den Nachtisch verzichten. Im Gegenteil, gönnen Sie sich ab und zu eine kleine Leckerei, bevor der Heißhunger ausbricht. Sonst erhöht sich nur die Gefahr, sich unkontrolliert auf die größten Kalorienbomben zu stürzen.

Die Rezepte in „Süßes & Beeren" sind nicht nur kalorienarm, sondern auch wahre Vitaminbomben. Vor allem Beeren (Erdbeeren, Himbeeren, Brombeeren, Johannisbeeren, Heidelbeeren, Stachelbeeren) haben sehr wenig Kalorien, sind aber reich an Vitamin C, Ballaststoffen und Antioxidantien. Studien zeigen zudem, dass Menschen mit Beeren auf dem Speiseplan grundsätzlich weniger wiegen als Menschen, die keine Beeren essen.

Regional essen und der Umwelt Gutes tun. Wer sich umweltbewusst ernähren will, sollte sein Obst und Gemüse saisonal und regional einkaufen. Nichts geht über einen Plausch mit dem Markthändler

Finger weg von Sahne!

Erst die Sahne macht viele süße Speisen fett. Versuchen Sie den Obstkuchen doch mal ohne Sahne. Sie werden sehen, er ist auch ohne Dickmacher süß und lecker. Und über dem Obstsalat schmeckt auch ein Klecks Joghurt oder Quark.

Vitamine gegen das Fett

Statt zu industriell verarbeiteten Süßigkeiten sollten Sie lieber zu vitaminreichen Desserts und Zwischenmahlzeiten greifen. Vor allem Vitamin C kurbelt die Fettverbrennung an, kräftigt das Bindegewebe und stärkt das Immunsystem.

Süchtig nach Schokolade?

Sie können auf Schokolade nicht verzichten? Dann achten Sie auf den Kakaoanteil, denn je höher dieser ist, desto weniger Zucker ist enthalten. Ideal sind Bitterschokoladen mit mehr als 70% Kakao, diese gibt es auch in vielen Geschmacksrichtungen (z.B. Chili oder Ingwer).

Pektin macht satt!

Der wichtige Ballaststoff Pektin (in Äpfeln, Pfirsichen, Orangen und Grapefruits) unterstützt nicht nur eine gesunde Verdauung und senkt den Cholesterinspiegel, sondern wirkt auch sättigend. Am meisten steckt er in der Schale von Äpfeln.

Die Symbole

Mit den Symbolen bei den Rezepten machen wir Ihnen die Auswahl leicht: Finden Sie auf einen Blick schnelle, vegetarische, exotische, preiswerte und kalorienarme Gerichte!

Schnell gekocht

Normale Kochzeit

Dauert etwas

Günstig

Vegetarisch

Exotisch

Für Familie und Gäste

kcal *Kalorienarm*

Fett *Wenig Fett*

LC *Low Carb*

Suppen & Salate

Ob als Vorspeise, Beilage oder als vollwertige Mahlzeit: Hier spielen die Vitaminbomben die Hauptrolle. Lassen Sie sich verführen ...

An warmen Sommerabenden ist ein knackiger Salat mit frischem Weißbrot immer eine perfekte Mahlzeit. Und wer glaubt, dass ein Salat immer nur ein paar grüne Blätter mit einer Essig-Öl-Mischung sein müssen, irrt sich – das zeigen die nächsten Seiten.
Die richtigen Zutaten sind hier allerdings wichtig. Das fängt mit der Wahl des richtigen Öls an. Tomaten sollten nach Tomaten schmecken und nicht nach wässrig-roten Gebilden. Kräuter sollten zum Gericht mehr beitragen als nur die grüne Farbe. Machen Sie doch einmal den Versuch, das frische Gemüse auf dem Markt zu kaufen und sie werden feststellen, dass man so wieder zum Fan der gesunden Vitaminbomben werden kann.

Pinocchio

Zubereitung: 30 Min

Zutaten für 4 Portionen

4 reife Fleischtomaten
1 mittelgroße Salatgurke
3 kleine Zwiebeln
1 grüne Paprikaschote
1 Knoblauchzehe
20 grüne Oliven
250 g Fetakäse
Salz, Pfeffer
2-3 EL Rotweinessig
3 EL Olivenöl
1 EL getrockneter Oregano
1 TL Kräuter der Provence

Choriatiki

Griechischer Salat

Der Klassiker aus dem Urlaub weckt Sehnsucht nach blauem Meer und weißen Häusern. Die knackige Gurke und der sahnige Feta gehen eine perfekte Verbindung ein. Achten Sie bei den Zutaten auf absolute Frische!

Pro Portion: **1096 kJ / 262 kcal / 19 g Fett / 0,5 BE**

Oregano:

Der Name des wilden Majoran kommt aus dem griechischen (Oros/Ganos) und bedeutet soviel wie „Bergschmuck“. Aufgrund seines hohen Gehalts an Phenolen zählt er zu den stärksten natürlichen Antibiotika.

1. Die Tomaten waschen, Stielansätze entfernen, vierteln und in etwa 1 cm dicke Stücke schneiden. Die Salatgurke schälen, halbieren und in dicke Scheiben schneiden. Die Zwiebeln schälen, halbieren und der Länge nach in dünne Spalten schneiden. Die Paprikaschote waschen, vierteln, Stielansatz und Trennwände entfernen. Die Paprikaviertel quer in Streifen schneiden.

2. Die Knoblauchzehe schälen, halbieren und eine große Salatschüssel damit ausreiben. Die vorbereiteten Salatzutaten in die Schüssel geben und die entsteinten Oliven untermischen.

3. Salz und Pfeffer mit Essig oder Zitronensaft verquirlen, dann das Öl und die Kräuter unterrühren.

4. Die Hälfte des Dressings über die Salatzutaten gießen und den Salat gut vermischen. Den Fetakäse abtropfen lassen und in Stücke zerteilen. Den Salat auf vier Teller verteilen, den Feta darauf anrichten und mit der zweiten Hälfte des Dressings beträufelt servieren.

! Der Feta-Käse kann auch in Würfel geschnitten untergehoben werden.

Zubereitung: 30 Min

Acovadosalat

mit Rosinen und Mandeln

Zutaten für 4 Portionen

3 EL Mandelblättchen
1 Knoblauchzehe
1 Eigelb
1/2 TL scharfer Senf
1 EL Weißweinessig
Salz, Pfeffer
3 EL Keimöl
50 ml Sahne
4 reife Avocados
Saft einer Limette
4 Selleriestangen
1 mittelgroßer Apfel
4 Möhren
4 EL Rosinen
1/2 Bataviasalat

1. Die Mandelblättchen in einer Pfanne ohne Fett hellbraun rösten, dann zur Seite stellen.

2. Den Knoblauch schälen, pressen und mit Eigelb, Senf, Essig, Salz und Pfeffer kräftig verrühren. Das Öl langsam dazu geben und zum Schluss die Sahne unterschlagen.

3. Die Avocados schälen, halbieren und entkernen. In feine Scheiben schneiden und den Limettensaft darüber geben.

4. Den Stangensellerie putzen, waschen und in Scheiben schneiden. Den Apfel schälen, Kerngehäuse entfernen und würfeln. Die Möhren schälen und in grobe Streifen raspeln. Den Bataviasalat putzen, waschen, grob zerpflücken und trocken schleudern. Alles in eine große Schüssel geben.

5. Das Dressing mit dem Mixer noch einmal aufschäumen. Zusammen mit den Rosinen zu dem Salat geben und gut durchmischen.

6. Den Salat auf Tellern anrichten, mit den Avocadoscheiben dekorieren und zum Schluss die gerösteten Mandelblättchen darüberstreuen.

Pro Portion: **1909 kJ / 456 kcal / 39 g Fett / 1,6 BE**

Zubereitung: 45 Min

Rucola mit Ei
und neuen Kartoffeln

1. Die Eier in kochendem Wasser hart kochen (ca. 6-8 Min., je nach Größe). Mit kaltem Wasser abschrecken und abkühlen lassen.

2. Die Kartoffeln kräftig abbürsten, dann in kochendem Salzwasser ca. 25 Minuten garen lassen. Das Wasser abschütten und Kartoffeln je nach Größe in Viertel oder Achtel schneiden.

3. Den Frühstücksspeck in einer heißen Pfanne ohne Fett knusprig braten. Dabei mehrmals wenden. Auf einem Küchenpapier abtropfen lassen.

4. Den Rucola putzen, waschen und in mundgerechte Stücke schneiden. Dann in einer Salatschleuder trocken schleudern.

5. Die Schalotte schälen und in sehr feine Würfel schneiden. Den Essig in einer kleinen Schüssel mit je 1 Prise Salz und Zucker und dem grobkörnigen Senf vermengen. Das Öl, die lauwarme Gemüsebrühe und die Schalottenwürfel dazugeben. Mit Pfeffer abschmecken.

6. Den Rucola und die Kartoffelwürfel mit der Vinaigrette anmachen. Die Eier abpellen, in dünne Scheiben schneiden und dazugeben.

7. Auf Tellern anrichten und die Speckstreifen darübergeben.

! Statt Rucola können Sie auch frisch geplückte, junge Löwenzahn-Blätter verwenden.

Zutaten für 4 Portionen

2 Bund Rucola
4 Eier
250 g Frühstücksspeck
400 g neue Kartoffeln
100 ml Gemüsebrühe
1 Schalotte
2 EL Olivenöl
1 EL Weißweinessig
1 TL grobkörniger Senf
Salz, Pfeffer

Pro Portion: **1711 kJ / 409 kcal / 28 g Fett / 1,4 BE**

Zubereitung: 30 Min

Spinatsalat
mit Pekannüssen

Der Geschmack von frischem, jungem Spinat ist unvergleichlich: Die feinen Blätter gehen mit dem süßlichen Dressing und den karamellisierten Nüssen eine unvergleichliche Kombination ein.

Zutaten für 4 Portionen

400 g junger Spinat
200 g Feta-Käse
80 g Pekannüsse
10 g Butter
1 EL Zucker
5 EL Himbeeressig
Salz, weißer Pfeffer
1 TL Orangenblütenhonig
3 EL Walnussöl
50 g getrocknete Cranberries

1. Den Spinat gründlich waschen, verlesen und trocken schleudern. Den Feta in Würfel schneiden. Den Spinat und den Feta in eine Schüssel geben.

2. Die Pekannüsse teilen und in einer Pfanne ohne Öl anrösten. Beobachten Sie dabei die Pekannüsse ständig, sie verbrennen sehr plötzlich. Aus der Pfanne herausnehmen und beiseitestellen. Butter und Zucker in der Pfanne schmelzen, die Nüsse wieder zugeben und kurz karamellisieren lassen. Sofort aus der Pfanne nehmen und auf Alufolie auskühlen lassen.

3. Essig mit Salz, Pfeffer und Honig verrühren, das Walnussöl nach und nach unterschlagen und alles zu einem sämigen Dressing verrühren. Wenn der Honig zu fest ist, ihn vorher in einem Wasserbad verflüssigen.

4. Das Dressing vorsichtig unter den Salat heben. Den Salat mit den gerösteten Pekannusshälften und den getrockneten Cranberries bestreut servieren.

Pro Portion: **1632 kJ / 391 kcal / 31 g Fett / 0,9 BE**

Pekannuss

Sie gehört zur Familie der Walnussgewächse und wächst überwiegend in Nordamerika. Auch vom Geschmack her ähnelt sie der Walnuss, wobei die Pekannuss etwas milder ist. Die Schale der Pekannuss ist sehr dünn und sehr leicht zu knacken. Pekannüsse zeichnen sich durch einen sehr hohen Vitamin A- und Proteingehalt aus, sind natriumarm und haben viele ungesättigte Fettäuren.

Zubereitung: 35 Min

Frisée
mit Zucchini und Mango

Vitaminreich und leicht bietet sich dieser Salat besonders in den kühleren Monaten an: So stärken Sie Ihr Immunsystem!

Zutaten für 4 Portionen

2 kleine Zucchini
1 rote Chilischote
1 Knoblauchzehe
100 ml Gemüsebrühe
1 EL Sojasauce
2 TL brauner Zucker
1 Mango
1 Limette
1 Bund Koriandergrün
1 Friséesalat
Salz, Pfeffer

Pro Portion: **300 kJ / 72 kcal / 2 g Fett / 0,6 BE**

1. Die Zucchini waschen, in kleine Würfel schneiden und die Zucchiniwürfel in eine Schüssel geben.

2. Die Chilischote waschen, halbieren, entkernen und in feine Ringe schneiden (danach die Hände gründlich waschen!). Die Knoblauchzehe schälen und fein würfeln. Die Gemüsebrühe erhitzen, Chilischote, Knoblauch, Sojasauce und Zucker dazugeben. Einmal aufkochen lassen, über die Zucchini gießen und zur Seite stellen.

3. Die Mango schälen und vom Stein schneiden. In Würfel schneiden. Die Limette auspressen und über die Mangowürfel geben.

4. Das Koriandergrün waschen, trocken schütteln und fein hacken. Einen Zweig zur Dekoration zurückbehalten.

5. Den Friséesalat waschen, in mundgerechte Stücke zerpflücken und trocken schleudern. Die einzelnen Portionen auf die Teller verteilen.

6. Mangostücke mit den Zucchiniwürfeln vermengen, mit Salz und Pfeffer abschmecken. Mango und Zucchini auf dem Friséesalat anrichten und mit dem Koriandergrün garnieren.

Mozzarella-Tomaten

mit Pesto und Feldsalat

Der Klassiker schmeckt leider oft langweilig. Bei dieser Variante sorgt ein selbst gemachtes Basilikum-Pesto für eine ganz besondere Note.

Zubereitung: 20 Min

Zutaten für 4 Portionen

500 g Tomaten
2 Kugeln Mozzarella
200 g Feldsalat
1 EL weißer Balsamico-Essig
1 EL Olivenöl
Salz, schwarzer Pfeffer
Basilikumblätter

Pesto
1 Bund frisches Basilikum
2 Knoblauchzehen
1 EL Pinienkerne
3 EL geriebener Parmesan
3 EL Pecorino-Käse
3 EL Olivenöl

1. Die Tomaten waschen und den Mozzarellakäse abtropfen lassen. Beides in gleich große Scheiben schneiden und lagenweise auf einem Teller anrichten.

2. Den Feldsalat putzen, waschen und gut abtropfen lassen. Mit Essig, Olivenöl, Salz und Pfeffer abschmecken und auf dem Teller neben den Mozzarella-Tomaten anrichten.

3. Zum Schluss das Pesto über die Tomaten und den Mozzarella träufeln.

Pesto: Die Basilikumblätter mit einem Tuch trocken abreiben und fein hacken. Knoblauch schälen und mit den Pinienkernen fein hacken. Alles nach und nach im Mörser zerdrücken. Sobald die Masse cremig geworden ist, den Parmesan in kleinen Portionen darin zerstoßen, bis eine dicke Paste entsteht. Dann das Öl unterrühren und mit Salz und Pfeffer würzen. Mit Öl bedeckt hält sich das Pesto im Kühlschrank mehrere Tage und schmeckt auch mit Nudeln.

Pro Portion: **964 kJ / 230 kcal / 17 g Fett / 0,3 BE**

Diät-Tipp:

Mozzarella gibt es auch als „Light"-Variante. Das heißt also weniger tierisches Fett bei gleich viel wertvollem Eiweiß!

Zubereitung: 20 Min

Feigen gehören zu den Maulbeergewächsen und sind besonders reich an Mineralstoffen und Vitamin B1

Salatherzen

mit Feigen und Parmaschinken

Zutaten für 4 Portionen

- 2 Salatherzen
- 1/2 Endiviensalat
- 4 EL Olivenöl
- 1 EL Aceto Balsamico
- Salz, Pfeffer
- 1/2 TL Zucker
- 2-3 Zweige frische Minze
- 8 reife Feigen
- 200 g Parmaschinken

1. Die Salatherzen und den Endiviensalat putzen, waschen und in mundgerechte Stücke schneiden. Dann in der Salatschleuder trocken schleudern.

2. Das Salz im Essig unter Rühren auflösen, dann 3 EL Olivenöl dazugeben. Zucker hinzufügen, mit Pfeffer abschmecken. Die Minze waschen, trocken schütteln und die Blätter von den Stielen zupfen. Die Blätter in feine Streifen schneiden und unter das Dressing mischen.

3. Die Feigen waschen und vierteln. Den Salat mit der Vinaigrette anmachen und die Feigen darüber verteilen. Den Parmaschinken in Streifen schneiden und auf dem Salat anrichten. Etwas Olivenöl darüberträufeln und nochmals mit Pfeffer aus der Mühle würzen.

! Die Domestizierung der Feige ist wahrscheinlich älter als der Ackerbau. Bereits in einem etwa 11.400 Jahre alten Haus in Jericho wurden Früchte gezüchteter Feigen entdeckt. Alle heute bekannten antiken Hochkulturen kannten die Feige. In Europa wurde sie zuerst in Griechenland um 700 v. Chr. eingeführt und breitete sich dann von dort im gesamten Mittelmeerraum aus. Im antiken Rom zählten getrocknete Feigen sogar zu den Grundnahrungsmitteln.

Pro Portion: **940 kJ / 225 kcal / 10 g Fett / 1,8 BE**

"Da könnte ich mich reinlegen!
Ob zu Feld-, Kopf-, Rucola- oder Friséesalat – aber auch zu Mozzarella – Feigen sollte man nicht nur pur essen. Beim Dressing ruhig auch ein bisschen Honig und Balsamico-Essig dazugeben. Das Auge isst schließlich mit und die Kinder helfen sicher gerne beim Dekorieren mit Crema di balsamico. Damit kann man auf hellen Tellern auch lustige Gesichter malen. Ist das nicht zur Hand, brauchen Sie einfach die Zuckerschrift aus der Weihnachtszeit auf."

Zubereitung: 15 Min

kcal Fett LC

Spinatsalat
mit Pinienkernen

1. Die Pinienkerne ohne Fett in einer beschichteten Pfanne unter ständigem Rühren anrösten.

2. Den Spinat waschen und trocken schleudern. Die Zwiebel schälen und in feine Streifen schneiden.

3. Die Limone auspressen, den Saft mit dem Öl und der sauren Sahne mischen. Mit Zucker, Salz und Pfeffer abschmecken. Über den Salat geben und die Pinienkerne darüberstreuen.

Zutaten für 4 Portionen

2 EL Pinienkerne
400 g junger Spinat
1 rote Zwiebel
2 EL saure Sahne
1 EL Olivenöl
1 Limone
Salz, Pfeffer
1/2 TL Zucker

Pro Portion: **551 kJ / 132 kcal / 11 g Fett / 0,3 BE**

Diät-Tipp:

Zu wenig Schlaf macht dick! Schuld ist das Hormon Cortisol, das der Körper bei negativem Stress ausschüttet. Deshalb auch der Figur zuliebe auf eine ausreichende Menge Schlaf achten.

Zubereitung: 20 Min

Frischer Salat

mit Orangen und Pinienkernen

1. Die Pinienkerne ohne Fett in einer beschichteten Pfanne unter ständigem Rühren anrösten.

! Die Kerne sollen nur hellbraun angeröstet werden!

2. Bei den Orangen mit einem scharfen Messer die Schale so abschneiden, dass auch das weiße Häutchen abgeschnitten wird. Dann in dünne Scheiben schneiden und den Saft auffangen.

3. Den Bataviasalat putzen, waschen und trocken schleudern. In mundgerechte Stücke zupfen.

4. Salz im Rotweinessig auflösen, dann mit Walnussöl, Orangensaft, Zucker und Senf abschmecken.

5. Die Vinaigrette über den Salat geben und vermischen. Die Orangenscheiben vorsichtig unterheben und mit den Pinienkernen bestreuen.

Zutaten für 4 Portionen

3 EL Pinienkerne
2 Orangen
1 Bataviasalat
2 EL Walnussöl
1 EL Rotweinessig
1 TL mittelscharfer Senf
Salz, Pfeffer
1/2 TL Zucker

Pro Portion: **539 kJ / 129 kcal / 8 g Fett / 0,9 BE**

Zubereitung: 20 Min
Kühlzeit: 60 Min

Salat

aus gegrilltem Gemüse

Wie ein Urlaub in Italien: Das bunte Gemüse kennen wir von den Vorspeisen. Hier entsteht daraus ein Salat, der im Sommer jederzeit als komplette Mahlzeit gelten kann!

Zutaten für 8 Portionen

2 Zucchini
1 Aubergine
2 gelbe Paprikaschoten
2 rote Paprikaschoten
1 Fenchelknolle
1 Zwiebel
2 Knoblauchzehen
3 EL Olivenöl
50 g Pinienkerne

Dressing
4 EL Olivenöl
2 EL Balsamico-Essig
2 TL gehackter Rosmarin
1 TL Dijonsenf
1 TL flüssiger Honig
2 TL Zitronensaft

100 g frischer Parmesan
2 Basilikumstängel

1. Die Zucchini und die Aubergine waschen, die Enden wegschneiden und das Fruchtfleisch in große Würfel schneiden. Die Paprikaschoten putzen, Stiel und Kerne entfernen, in kleine Stücke schneiden. Den Fenchel achteln und grob zerteilen, den Strunk dabei herausschneiden. Die Zwiebel schälen und in feine Ringe schneiden.
Das Gemüse auf ein großes Backblech legen.

2. Den Knoblauch schälen, zerdrücken und mit dem Öl vermischen. Das Gemüse damit bestreichen. Auf die mittlere Schiene des Backofens schieben und 10-15 Minuten unter dem Grill rösten, bis das Gemüse weich wird und gerade anfängt, schwarz zu werden. Aus dem Ofen nehmen und abkühlen lassen.

3. Nach dem Abkühlen das Gemüse in eine Servierschüssel geben und vorsichtig vermischen.

4. Die Pinienkerne in einer Pfanne ohne Öl rösten und zu dem Gemüse geben.

5. Die Zutaten für das Dressing verrühren, bis sie gut vermischt sind, und über das Gemüse gießen. Eine Stunde im Kühlschrank ziehen lassen.

6. Den Parmesan hobeln und über den Salat geben. Die Basilikumblätter von den Stängeln zupfen und den Salat damit garnieren. Mit frischem Weißbrot oder Ciabatta servieren.

Pro Portion: **942 kJ / 224 kcal / 17 g Fett / 0,6 BE**

Aubergine:

Sie gehört, wie Tomate und Kartoffel, zu den Nachtschattengewächsen. Die Frucht kann dunkelviolett und länglich oder weiß und rund sein. Von letzterer kommt auch die Bezeichnung Eierfrucht.

Zubereitung: 25 Min

Zutaten für 4 Portionen

250 g Rucola
100 g Feldsalat
1 Bund Basilikum
500 g Erdbeeren
50 g Pecorino Käse
5 EL weißer Balsamico-Essig
4 EL Olivenöl
2 TL brauner Zucker
Salz, Pfeffer
2 EL Walnüsse
4 EL Pinienkerne

Grüner Salat

mit frischen Erdbeeren und Nüssen

Ungewöhnlich? Aber ein Genuss für Auge und Gaumen. Mit dem bunten Salat können Sie im Frühsommer auf jeder Sommerparty Furore machen!

Pro Portion: **1291 kJ / 308 kcal / 20 g Fett / 1,6 BE**

1. Den Rucola und den Feldsalat gründlich waschen, verlesen und trocken schleudern. Größere Rucola-Blätter halbieren. Das Basilikum waschen, trocken schütteln und die Blätter abzupfen.

2. Die Erdbeeren waschen, den Stiel entfernen und je nach Größe halbieren oder vierteln.

3. Den Balsamico-Essig mit dem Olivenöl verquirlen. Den braunen Zucker dazugeben. Mit Salz und frisch gemahlenem schwarzen Pfeffer abschmecken.

4. Die Walnüsse und die Pinienkerne in einer Pfanne ohne Fett unter ständigem Rühren hellbraun rösten.

5. Salat, Basilikum und das Dressing miteinander vermengen und auf Tellern anrichten. Die gerösteten Walnüsse und Pinienkerne sowie den gehobelten Pecorino darüber geben.

! Zu diesem farbenfrohen Salat passt besonders gut ein frisches Weißbrot. Statt Pecorino können Sie je nach Geschmack auch Mozzarella oder Ziegen-Frischkäse verwenden.

Zubereitung: 20 Min

Rucola-Salat
mit Erdbeeren

Zutaten für 4 Portionen

1 Kopf Eichblattsalat
100 g Rucola
250 g Tomaten
2 rote Zwiebeln
250 g Erdbeeren
100 g Parmesan

Honig-Senf-Dressing:
3 EL Weißweinessig
3 EL Weißwein
50 ml Distelöl
1/2 Knoblauchzehe
3 EL Joghurt
3 EL Gemüsebrühe
1 EL mittelscharfer Senf
1 TL flüssiger Honig
Salz, Pfeffer

1. Den Salat waschen, trocken schleudern und grob zerkleinern. Den Rucola verlesen, waschen und trocken schütteln, größere Blätter in mundgerechte Stücke schneiden. Die Tomaten waschen, Stielansatz entfernen, und in Scheiben schneiden. Die Zwiebeln häuten und in feine Ringe schneiden. Die Erdbeeren waschen und die Stiele entfernen. Größere Früchte halbieren. Dann alles in eine große Salatschüssel geben und miteinander vermischen.

2. Für das Honig-Senf-Dressing Essig, Wein und Öl mit dem Schneebesen verrühren. Knoblauch schälen, pressen und dazugeben. Nach und nach Joghurt und Gemüsebrühe unterrühren. Senf und Honig unter Rühren zugeben. Mit Salz und Pfeffer abschmecken.

3. Das Dressing über den Salat geben und kurz untermengen. Zum Schluss den Parmesan darüberhobeln.

Pro Portion: **832 kJ / 199 kcal / 15 g Fett / 0,8 BE**

Zubereitung: 15 Min

Thunfischsalat

mit Kirschtomaten

1. Den Feldsalat gründlich putzen, waschen und trocken schleudern.

2. Den Thunfisch abgießen, grob zerpflücken und in eine große Schüssel geben.

3. Die Zwiebeln schälen und in feine Ringe schneiden, die Radieschen waschen, halbieren, Stiel und Wurzel entfernen, die Tomaten waschen und den Stielansatz herausschneiden. Zwiebeln, Radieschen und Tomaten zu dem Thunfisch in die Schüssel geben.

4. Von der Zitrone etwas Schale abreiben, den Rest der Zitrone auspressen. Die Schale mit dem Saft, Salz, Pfeffer, Zucker und Olivenöl verrühren. Den Schnittlauch in Ringe schneiden und zugeben.

5. Den Feldsalat und die Salatsauce unter die Zutaten mischen.

Zutaten für 4 Portionen

300 g Feldsalat
1 Dose Thunfisch im eigenen Saft (Abtropfgewicht 200 g)
2 Zwiebeln
1 Bund Radieschen
10 Cocktailtomaten
1 unbehandelte Zitrone
Salz, Pfeffer
1 Prise Zucker
3 EL Olivenöl
1 Bund Schnittlauch

Pro Portion: **726 kJ / 173 kcal / 13 g Fett / 0,3 BE**

Zubereitung: 20 Min

Zutaten für 4 Portionen

500 g grüner Spargel
Zucker
1 Limette
200 g Fetakäse aus Kuhmilch
2 EL Weißweinessig
1 TL getrocknete Salatkräuter
6 EL Olivenöl
Muskat
Salz, weißer Peffer
schwarzer Pfeffer aus der Mühle

Spargelsalat
mit Fetakäse

Der grüne Spargel ist nicht nur preiswerter, sondern macht auch weniger Arbeit: Er muss nicht komplett geschält werden. Er schmeckt auch intensiver, ideal für diesen Salat.

Pro Portion: **1032 kJ / 247 kcal / 19 g Fett / 0,3 BE**

1. Den grünen Spargel im unteren Drittel schälen. Wasser zum Kochen bringen und eine Prise Salz und Zucker zugeben. Den Spargel in etwa 5 Minuten bissfest garen. Den Spargel mit einer Schaumkelle herausnehmen und in gesalzenes Eiswasser geben.

2. Die Limette waschen und halbieren. Aus einer Hälfte den Saft pressen, die andere Hälfte in Spalten schneiden. Den Fetakäse abtropfen lassen und in Würfel schneiden.

3. Essig, Kräuter, Öl und Limettensaft zu einer Salatsauce vermengen. Mit geriebener Muskatnuss, etwas Zucker, Salz und weißem Pfeffer abschmecken.

4. Den Spargel auf die Tellern verteilen, die Fetakäse-Würfel darauf anrichten und die Salatsauce darüberträufeln. Mit frisch gemahlenem, schwarzem Pfeffer würzen und mit den Limettenspalten garniert servieren.

Zubereitung: 45 Min
Garzeit: 5 Min

Lamm auf Salat

mit Minzsauce

Für die Briten ist Lamm mit Minze selbstverständlich. Wer es einmal probiert hat, wird ihnen Recht geben.

Zutaten für 4 Portionen

200 g Brokkoli
100 ml Gemüsebrühe
2 EL Balsamico-Essig
Muskat
Salz, Pfeffer
2 EL Olivenöl
400 g Lammfilet
2 EL Knoblauchöl
150 g Feldsalat
1 Bund Minze
1 rote Zwiebel
200 g Cocktail-Tomaten

Minzsauce

100 ml Wasser
1 Bund frische Minze
3 EL Weißweinessig
1 TL Zucker
Salz, Pfeffer
2 EL Olivenöl

1. Den Brokkoli waschen und putzen, in Röschen teilen und in der Gemüsebrühe bissfest garen. Essig, Gewürze und Öl zugeben, den Brokkoli in der Marinade abkühlen lassen.

2. Das Lammfilet waschen, trocken tupfen und im heißen Öl rundherum 5 Minuten anbraten. Mit Salz und Pfeffer würzen und kalt stellen.

3. Den Feldsalat waschen, putzen und auseinanderzupfen. Die Zwiebel pellen und in feine Ringe schneiden. Die Tomaten waschen und halbieren.

4. Den Salat und den Brokkoli auf einer Platte verteilen. Das Lammfilet (lauwarm oder kalt) in dünne Scheiben schneiden und auf dem Salat anrichten. Mit den Tomatenhälften und einigen Minzblättern dekorieren.

5. Für die Minzsauce die restliche Minze fein hacken. Wasser mit Essig, Zucker, Salz und Pfeffer aufkochen und über die Minze gießen. Olivenöl zugeben, die Sauce erkalten lassen und in einem Schälchen zu dem Salat reichen.

Pro Portion: **1083 kJ / 258 kcal / 10 g Fett / 2,8 BE**

Brokkoli

Früher galt Brokkoli als Heilmittel gegen Katerbeschwerden nach einem Trinkgelage, heute schätzt man ihn besonders als wirkungsvollen Krebsschutz durch seinen hohen Gehalt an Glucosinolaten. Außerdem ist er ein bedeutender Magnesiumspender, enthält viel Eisen, Kalium, Carotin und die Vitamine C, B1 und B2.
Tipp zur Zubereitung von Brokkoli: Die Stiele getrennt vorkochen oder tief einschneiden, weil sie eine längere Kochzeit haben als die Brokkoliröschen.

Zubereitung: 35 Min

Fett

Tomatensalat
mit Chapatis

Zutaten für 4 Portionen

500 g Tomaten
2 Zwiebeln
1 Bund Petersilie
3 EL Olivenöl
2 EL Obstessig
Salz, Pfeffer

Chapatis
300 g Weizenvollkornmehl
3 EL Butterschmalz

1. Die Tomaten waschen, die Zwiebel schälen und beides in Würfel schneiden. Die Petersilie waschen, trocken schütteln und fein hacken.

2. Die Tomaten, die Zwiebeln und die Petersilie miteinander vermengen. Öl, Essig, Salz und Pfeffer unterrühren. Das Ganze ca. 10 Minuten ziehen lassen.

3. Für die Chapatis Mehl, Butterschmalz und ca. 150 ml Wasser zu einem festen Teig verkneten. Eine halbe Stunde ruhen lassen.

4. Aus je 2 EL Teig eine Kugel formen und diese flach rollen. Eine gusseiserne Pfanne erhitzen und die Teigfladen ohne Fett unter ständigem Rütteln von beiden Seiten backen. Sofort mit dem Tomatensalat servieren.

Pro Portion: **1747 kJ / 416 kcal / 13 g Fett / 5,2 BE**

Zubereitung: 35 Min

Endiviensalat

mit getrockneten Tomaten

1. In einer Pfanne 1 EL Olivenöl heiß werden lassen. Das Weißbrot entrinden, in Würfel schneiden und von allen Seiten goldbraun anbraten. Leicht salzen.

2. Die Petersilie waschen, trocken schütteln und die Blätter abzupfen. Brühe, geschälten Knoblauch, Senf, Petersilie und Zitronensaft im Mixer pürieren. Salz, Pfeffer und Zucker hinzufügen. Nach und nach das Öl unterschlagen.

3. Den Salat putzen, waschen, in mundgerechte Stücke zupfen und trocken schleudern. Die getrockneten Tomaten abtropfen lassen und in feine Streifen schneiden.

4. Den Salat und die Tomaten in eine Salatschüssel geben. Das Salatdressing darübergeben und untermischen. Die Weißbrotcroûtons darüberstreuen.

Zutaten für 4 Portionen

5 EL Olivenöl
4 Scheiben Weißbrot
1/2 Bund glatte Petersilie
1 Knoblauchzehe
125 ml Gemüsebrühe
1/2 TL grobkörniger Senf
1 EL Zitronensaft
1/2 TL Zucker
1 Endiviensalat
100 g getrocknete Tomaten
(in Öl eingelegt)
Salz, Pfeffer

Pro Portion: **1127 kJ / 268 kcal / 22 g Fett / 0,5 BE**

Zubereitung: 35 Min

kcal Fett LC

Caesar Salad
mit Hähnchenstreifen

Der Klassiker aus den USA: So viel Geschmack steckt nur in diesem Salat. Mit Sardellen und Knoblauch gehört er auch zu den kompletten Mahlzeiten!

Zutaten für 4 Portionen

400 g Hähnchenbrustfilet
7 EL Olivenöl
Salz, Pfeffer
1 Romana (römischer Salat)
3 Sardellenfilets
2 Knoblauchzehen
1 EL Salatmayonnaise
2 TL Senf
3 EL Weißweinessig
50 g Parmesan
4 Scheiben Weißbrot

1. Die Hähnchenbrustfilets waschen, trocken tupfen und evtl. die Haut entfernen. Salzen und pfeffern. In einer Pfanne 1 EL Öl erhitzen. Die Hähnchenbrustfilets von beiden Seiten je 7 Minuten braten. Aus der Pfanne nehmen und beiseite stellen.

2. Die Sardellenfilets abtropfen lassen und fein hacken. Eine Knoblauchzehe schälen und fein hacken.

3. Mayonnaise, Senf und Essig in einer Schüssel glattrühren. Nach und nach 3 EL Olivenöl dazugeben und unterrühren. Dann die Sardellenfilets und den Knoblauch unterheben. Mit etwas Salz und Pfeffer abschmecken.

! Durch die Sardellen ist die Salatsauce schon recht salzig!

4. Den Salat putzen, waschen und grob zerkleinern. Dann trocken schleudern. Den Parmesan fein reiben.

5. Den Rest des Olivenöls erhitzen. Das Weißbrot entrinden und in Würfel schneiden. Die zweite Knoblauchzehe schälen und im Ganzen zum Öl geben. Weißbrotwürfel goldbraun anbraten, leicht salzen. Aus dem Öl nehmen und auf Küchenpapier abtropfen lassen.

6. Den Salat mit dem Dressing und der Hälfte des Parmesans vermengen. Die Hähnchenbrust in Streifen schneiden und darüber geben, ebenso die Croûtons. Zuletzt den Rest des Parmesans über den Salat streuen.

Pro Portion: **1660 kJ / 397 kcal / 30 g Fett / 1,4 BE**

Diät-Tipp:

Essen im Restaurant oder in der Kantine müssen Sie auf keinen Fall meiden. Aber essen Sie mit Köpfchen! Wählen Sie zur Pasta die Tomatensauce statt der Sahnesauce, und Ofenkartoffeln statt Pommes frites. Und essen Sie immer einen großen Salat als Vorspeise – dann sparen Sie sich vielleicht auch die Nachspeise.

Zubereitung: 45 Min

Mexikanischer Putensalat
mit Guacamole

Scharf und voller Aromen – so soll die Küche Lateinamerikas sein! Genießen Sie diese feurig-fruchtige Mischung!

Zutaten für 4 Portionen

2 EL Öl
1 Zwiebel
3 Knoblauchzehen
400 g Putenbrust
Salz, Pfeffer
1 grüne Paprikaschote
1 gelbe Paprikaschote
50 ml Gemüsebrühe
4 Tomaten
2-3 Jalapenos
schwarze Oliven
1 Gemüsezwiebel
2 TL Limettensaft
100 ml saure Sahne
2 Stängel Koriandergrün
1/2 Avocado

Guacamole
1 reife Avocado
1 Knoblauchzehe
1 kleine Tomate
1 TL Limettensaft
Chiligewürz, Koriander, Salz

1. Das Öl in einer Pfanne erhitzen. Die geschälte, gewürfelte Zwiebel und den gepressten Knoblauch andünsten. Das Putenfleisch in Streifen schneiden, mit Salz und Pfeffer würzen und anbraten.

2. Die Paprikaschoten waschen, putzen und in Streifen schneiden. Zu dem Fleisch in die Pfanne geben und kurz anbraten. Mit der Brühe ablöschen und abkühlen lassen.

3. Die Tomaten waschen, entstielen und würfeln, die Jalapenos von Stiel und Kernen befreien und in feine Ringe schneiden. Die Oliven halbieren, die Gemüsezwiebel schälen, vierteln und in Streifen schneiden.

4. Für die Guacamole die Avocado längs halbieren, den Stein entfernen, das Fruchtfleisch herauslösen, mit einer Gabel zerdrücken und mit Limettensaft beträufeln. Die Knoblauchzehe schälen und pressen. Die Tomate mit kochendem Wasser überbrühen, häuten, entkernen und fein hacken. Alles gut vermischen, mit Chilipulver, Salz und gehacktem Koriandergrün würzen.

5. Fleisch und Paprika mit den Tomaten, Jalapenos, Oliven und Zwiebeln vermischen, mit Limettensaft, Salz und Pfeffer abschmecken und auf Tellern verteilen. Die Guacamole und die saure Sahne darauf verteilen und mit fein gehacktem Koriandergrün garnieren.

Pro Portion: **1127 kJ / 268 kcal / 22 g Fett / 0,5 BE**

Zubereitung: 25 Min

Salat mit Ziegenkäse
und gerösteten Walnüssen

Zutaten für 4 Portionen

50 g Walnüsse
1 kleiner Radicchio
1 Kopfsalat
1/2 Bund Rucola
2 Frühlingszwiebeln
1 rote Paprikaschote
1/2 TL Zucker
1 EL Aceto Bianco
2 EL Walnussöl
Salz, Pfeffer
200 g Ziegenkäse
8 Walnusshälften

1. Die Walnüsse in einer Pfanne ohne Fett leicht rösten. Dann zur Seite stellen und abkühlen lassen.

2. Die Salate putzen, waschen, in mundgerechte Stücke zupfen oder schneiden und trocken schleudern. Die Frühlingszwiebeln putzen und waschen, in ca. 1 cm breite Röllchen schneiden. Die Paprikaschoten waschen, halbieren, entkernen und in kleine Würfel schneiden.

3. Den Zucker im Essig auflösen, dann das Walnussöl zugeben. Mit Salz und Pfeffer vorsichtig abschmecken. Das Dressing über den Salat geben und kräftig vermischen.

4. Den Ziegenkäse in Würfel schneiden. Den Salat auf die Teller verteilen und mit ein paar Walnusskernen dekorieren. Dazu schmeckt frisches Tiroler Nussbrot.

! Etwas herzhafter wird das Gericht, wenn Sie den Ziegenkäse in Scheiben schneiden, die Käsescheiben in Frühstücksspeck einwickeln und in einer Pfanne ohne Fett anbraten. Wenn der Speck knusprig ist und der Käse herausläuft, können Sie den Käse zu dem Salat servieren.

Pro Portion: **1453 kJ / 347 kcal / 20 g Fett / 0,9 BE**

Zubereitung: 30 Min

Bunter Kanton-Salat

mit Hähnchenbrust

1. Die Zuckerschoten putzen und in kochendem Wasser ca. 2 Minuten blanchieren. Abgießen und abtropfen lassen. Die Möhren schälen und in dünne Scheiben hobeln. Die Paprikaschote waschen, Stielansatz und Kerne entfernen, das Fruchtfleisch würfeln. Den Staudensellerie putzen und in dünne Scheiben schneiden, die Blätter entfernen. Die Frühlingszwiebeln putzen und in dünne Ringe schneiden. Die Ananas abtropfen lassen und stückeln.

2. Für das Dressing den Limettensaft mit Salz und Pfeffer verrühren. Sesamöl darunterschlagen.

3. Hähnchenbrust waschen, trockentupfen und in ca. 1 cm breite Streifen schneiden. Mit Salz und Pfeffer würzen.

4. Das Pflanzenöl in einer beschichteten Grillpfanne erhitzen, und Hähnchenbruststreifen darin ca. 10 Minuten goldbraun anbraten.

5. Die Sesamsamen in einer Pfanne ohne Öl rösten. Das Gemüse und die Ananas mit dem Dressing mischen.

6. Die Hähnchenbruststreifen auf dem Salat anrichten und mit etwas Sesam bestreuen.

Pro Portion: **1345 kJ / 321 kcal / 23 g Fett / 1,0 BE**

Zutaten für 4 Portionen

100 g Zuckerschoten
2 Möhren
1 rote Paprikaschote
2 Stangen Staudensellerie
3 Frühlingszwiebeln
1 kleine Dose Ananas (ungezuckert)
Saft von 2 Limetten
Pfeffer, Salz
3 EL Sesamöl
3 EL Pflanzenöl
400 g Hähnchenbrustfilets
1 EL schwarzer Sesam
1 EL weißer Sesam

Zubereitung: 35 Min

Kräutersuppe
mit Spinat

Zutaten für 4 Portionen

100 g junger Blattspinat
100 g frische Kräuter
(z.B. Sauerampfer, Basilikum, Kerbel, Petersilie, Bärlauch)
1 Zwiebel
1 kleine Kartoffel
1 EL Öl
700 ml Geflügelbrühe
250 ml Sahne
Cayennepfeffer, Salz
Muskat

Bei diesem Rezept steht Ihr eigener Geschmack im Mittelpunkt: Wählen Sie die Kräuter, die Ihnen am besten schmecken. Hauptsache, sie sind ganz frisch.

1. Den Spinat verlesen und im kochenden Salzwasser 3 Minuten blanchieren. Abtropfen lassen und klein hacken. Die Kräuter waschen, trocken schütteln und klein schneiden.

2. Das Öl in einer Pfanne erhitzen. Die Zwiebel und die Kartoffel schälen, würfeln, beides im Öl andünsten. Mit Brühe auffüllen, 25 Minuten ziehen lassen.

3. Die Sahne hineinrühren und mit dem Stabmixer pürieren. Den Spinat und die Kräuter hinzufügen, erneut pürieren. Mit Cayennepfeffer, Salz und Muskat abschmecken.

Pro Portion: **1046 kJ / 250 kcal / 18 g Fett / 0,9 BE**

"Ich hatte schon als kleines Kind einen grünen Daumen. Stundenlang Unkraut jäten, fand ich damals spannender als Hausaufgaben zu machen. Zum Glück haben meine Eltern einen großen Garten, wo ich auch mein eigenes Blumen- und Kräuterbeet hatte. Da kann man perfekt für diese Suppe wildern. Wenn Ihnen das zu speziell ist, ein Zuckererbsensüppchen ist auch verdammt lecker. Dann kommen die Kräuter eben aufs Brot."

Zubereitung: 40 Min

kcal Fett LC

Mulligatawny-Suppe
aus Indien

Zutaten für 4 Portionen

1 Möhre
300 g Kartoffeln
2 Stangen Sellerie
1 Stange Lauch
20 g Butter
2 Knoblauchzehen
1 Zwiebel
500 ml Gemüsebrühe
Salz, Pfeffer
3 TL Curry
1 rote Paprikaschote
100 ml Sahne
1/2 Apfel (säuerlich)

1. Die Möhre und die Kartoffeln schälen und in Würfel schneiden. Den geputzten Sellerie in Scheiben, den gesäuberten Lauch in Ringe schneiden. Das vorbereitete Gemüse in einem Topf mit heißer Butter andünsten. Den fein gehackten Knoblauch und die gehackte Zwiebel zugeben. Mit der Brühe ablöschen und zugedeckt etwa 15 Minuten kochen lassen.

2. Wenn das Gemüse weich ist, alles im Topf pürieren. Mit Salz, Pfeffer und Curry abschmecken. Die Paprika waschen, putzen und in Streifen schneiden. Den Apfel schälen, putzen und in kleine Würfel schneiden. Paprika und Apfel in die Suppe geben und 5 Minuten mitköcheln lassen.

3. Zum Schluss die Suppe mit der Sahne binden und noch einmal kurz erwärmen.

Pro Portion: **956 kJ / 228 kcal / 12 g Fett / 1,9 BE**

Zubereitung: 35 Min

Cremiger Eintopf
mit Kartoffeln und Möhren

1. Die Kartoffeln und Möhren schälen und grob würfeln. Die Petersilie waschen, trocken schütteln und fein hacken. Die Zwiebel schälen, würfeln und im heißen Fett glasig dünsten. Kartoffeln, Möhren und Erbsen dazu geben und ca. 5 Minuten mitdünsten.

2. Mit der Brühe ablöschen, die Petersilie und die Lorbeerblätter zugeben und alles 20 Minuten kochen.

3. Danach die Lorbeerblätter herausnehmen und die Suppe mit dem Schneidstab des Handrührers grob pürieren. Nicht zu fein, es sollen noch Stücke im Eintopf bleiben.

4. Die Sahne unterrühren, den Eintopf noch mal erwärmen, aber nicht mehr kochen lassen. Mit Salz, Pfeffer und Zitronensaft abschmecken.

Zutaten für 4 Portionen

500 g mehlig kochende Kartoffeln
500 g Möhren
1/2 Bund Petersilie
250 g Erbsen (TK)
1 Zwiebel
20 g Butter
1 Liter Gemüsebrühe
2 Lorbeerblätter
200 ml Sahne
Salz
frisch gemahlener Pfeffer
1 TL Zitronensaft

Pro Portion: **1412 kJ / 337 kcal / 20 g Fett / 2,4 BE**

Zubereitung: 45 Min

Zutaten für 4 Portionen

1 kg Tomaten
1 Bund Suppengemüse
2 Zwiebeln
1 Knoblauchzehe
3 EL Olivenöl
1 EL Tomatenmark
1 Zweig Basilikum
1 TL Zucker
Salz, Pfeffer

Tomatensuppe
mit frischem Gemüse

Versuchen Sie, diese Suppe mit Tomaten vom Markt oder aus dem Garten zuzubereiten. Sie schmeckt sehr viel intensiver als die Suppe aus Dosentomaten.

Pro Portion: **523 kJ / 125 kcal / 6 g Fett / 1,6 BE**

Tomaten

Tomaten enthalten 13 Vitamine, 17 Mineralstoffe und viele sekundäre Pflanzenstoffe, wie das Lycopin. Dieses stärkt Herz und Kreislauf und schützt vor Krebs. Ernährungswissenschaftler empfehlen deshalb, mindestens 250 g Tomaten am Tag zu verzehren. Dabei ist es sogar besser, erhitzte Tomaten zu essen. Ideal sind Freiland-Tomaten, sie haben eine wesentlich höhere Konzentration der gesunden Inhaltsstoffe als Gewächshaus-Tomaten.

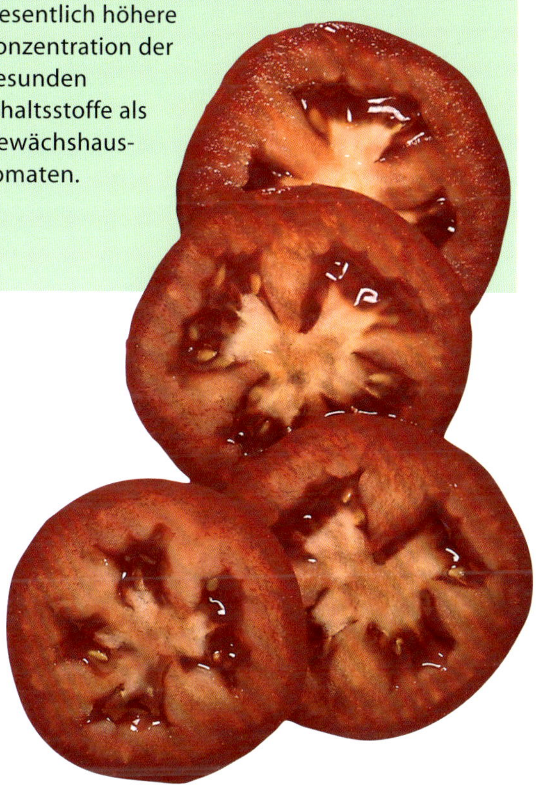

1. Die Tomaten mit kochendem Wasser überbrühen, häuten und entkernen. Das Fruchtfleisch in Würfel schneiden. Das Suppengemüse putzen und waschen und in kleine Würfel schneiden. Die Zwiebeln schälen und klein hacken. Den Knoblauch schälen und pressen.

2. Das Olivenöl in einem großen Topf erhitzen, Suppengemüse, Knoblauch und Zwiebeln darin anschwitzen. Tomaten und Tomatenmark dazugeben, mit andünsten.

3. Mit 500 ml Wasser ablöschen. Ca. 40 Minuten köcheln lassen, dann mit dem Stabmixer grob pürieren. Es sollten aber noch Tomatenwürfel in der Suppe bleiben.

4. Das Basilikum waschen, trocken schütteln, Blätter vom Stiel zupfen und in feine Streifen schneiden. Zusammen mit dem Zucker in die Suppe geben. Mit Salz und frisch gemahlenem Pfeffer abschmecken.

Pasta & Vorspeisen

In Italien gehören die Nudeln ja zu den Vorspeisen.
Bei uns gelten sie schon lange als Hauptgericht.
Schmecken tun sie auf jeden Fall ...

Vor 4000 Jahren wurde die Nudel in China das erste Mal schriftlich erwähnt. Bis sie ihren Weg zu uns fand, verging viel Zeit. Und berühmt wurde sie in Deutschland erst, als vor 400 Jahren noch die Tomate dazukam.

Inzwischen hat Pasta bei vielen Ernährungsbewussten den Ruf, ein echter Dickmacher zu sein. Das stimmt nicht: Wer etwa 80-100 g (trockene) Nudeln pro Person rechnet, der muss nicht fürchten, am nächsten Tag seine Waage zu sprengen. Viel gefährlicher als der Kohlenhydrat-Lieferant Nudel sind häufig die Saucen, die mit viel Sahne und Fett zu Buche schlagen. Wer stattdessen auf hochwertiges Olivenöl setzt, hat nichts zu befürchten ...

Also: Auf in den Pasta-Genuss!

Pinocchio

Zubereitung: 25 Min

Tagliatelle
mit Putenstreifen und Sesam

So ungewöhnlich kommen Nudeln selten daher: weder eine Sahnesauce noch viele Tomaten. Aber unwiderstehlich!

Zutaten für 4 Portionen

2 EL Sesam
1 gelbe Paprika
1 rote Paprika
250 g Kirschtomaten
1 Bund Frühlingszwiebeln
200 g Putenschnitzel
Salz, Pfeffer
2 EL Olivenöl
2 EL Crème Fraîche
1 TL Basilikum-Pesto
300 g Tagliatelle

1. Die Sesamsamen in einer Pfanne ohne Fett anrösten, bis sie duften. Dann heraus nehmen und beiseite stellen.

2. Die Paprikaschoten waschen, halbieren, Kerne und Stiel entfernen und in Streifen schneiden. Die Tomaten waschen und halbieren. Die Frühlingszwiebeln putzen, waschen und in dünne Ringe schneiden. Das Putenschnitzel waschen, abtupfen und in Streifen schneiden.

3. In einer Pfanne das Öl erhitzen und die Putenstreifen scharf anbraten, dabei salzen und pfeffern. Dann aus der Pfanne nehmen und zur Seite stellen.

4. Die Paprika in der Pfanne anbraten, nach etwa 3 Minuten die Frühlingszwiebeln und die Tomaten dazugeben. Weiterbraten, die Hitze reduzieren und die Putenstreifen wieder dazu geben. Crème Fraîche und Basilikum-Pesto (Fertigprodukt oder wie auf S. 22) dazugeben, salzen und pfeffern.

5. Die Tagliatelle in reichlich Salzwasser nach Packungsanweisung bissfest kochen und in ein Sieb abgießen. Mit dem Gemüse und den Putenstreifen vermengen. Mit geröstetem Sesam bestreut servieren.

Pro Portion: **1903 kJ / 455 kcal / 16 g Fett / 4,6 BE**

Zubereitung: 15 Min

Mafaldine
Aglio e Olio

Das einfachste und schnellste aller Nudelgerichte. Mit bestem Olivenöl und frisch geriebenem Parmesan ein echtes Gedicht, das auch absoluten Kochanfängern gelingt!

Zutaten für 4 Portionen

400 g Mafaldine
3 Knoblauchzehen
1 Bund glatte Petersilie
1 getrocknete, gehackte Chilis
4-5 EL Olivenöl
80 g Parmesan
Salz

1. Die Mafaldine in gesalzenem Wasser nach Packungsanweisung kochen. Sie sollen 'al dente' sein.

2. Den Knoblauch schälen und in dünne Scheiben schneiden. Die Petersilie waschen, trocken schütteln, die Blätter von den Stängeln zupfen und fein hacken. Den Parmesan fein reiben.

3. In einer Pfanne das Öl erhitzen. Die gehackten Chilis und den Knoblauch hineingeben und bei schwacher Hitze andünsten. Nicht zu heiß, sonst verbrennt der Knoblauch und wird bitter!

4. Die Mafaldine in ein Sieb abgießen und abtropfen lassen. In die Pfanne zu dem Olivenöl geben. Die Petersilie dazugeben und leicht salzen. Mit dem geriebenen Parmesan sofort in hohen Tellern servieren.

Pro Portion: **2244 kJ / 536 kcal / 17 g Fett / 6,5 BE**

Diät-Tipp:

Verbieten Sie sich nichts, dann bedeuten kleine Ausrutscher auch nicht gleich ein Scheitern der Diät. Streichen Sie Ihre Lieblingsspeisen nicht ganz von Ihrem Speiseplan, denn ein striktes Verbot steigert nur das Verlangen. Aber: Greifen Sie nicht zur Großpackung!

Zubereitung: 30 Min

Grüne Tagliatelle
mit gemischten Pilzen

Wenn im Spätsommer die Wälder allmählich bunt werden, dann ist die Saison der Pilze angebrochen. Mit Pasta ein perfektes Gespann – und gesund sind sie auch.

Zutaten für 4 Portionen

100 g frische oder 15 g getrocknete Steinpilze
150 g Champignons
100 g Braunkappen
1 Zwiebel
2 Knoblauchzehen
1 Bund Petersilie
60 g Butter
100 ml trockener Weißwein
2 EL Sahne
Salz und Pfeffer
400 g Tagliatelle (grün)

1. Frische Steinpilze putzen, getrocknete in warmem Wasser eine Stunde einweichen, in einem Sieb abtropfen lassen und die Einweichflüssigkeit auffangen.
Die Champignons und die Braunkappen putzen, alle Pilze in Scheiben schneiden.

2. Die Zwiebel und den Knoblauch schälen und fein hacken. Die Hälfte der Butter in einer Pfanne zerlassen und die Zwiebelwürfel darin glasig dünsten. Bevor die Zwiebeln Farbe annehmen, den Knoblauch und die Pilze dazugeben, vermischen und leicht anbraten.

3. Die Pilze mit Weißwein ablöschen und diesen einkochen lassen. Falls vorhanden, etwas Einweichwasser zufügen und einkochen lassen. Die Petersilie waschen, trocken schütteln, die Blätter von den Stängeln zupfen und fein hacken. Die Petersilie einrühren und die Sahne angießen. Mit Salz und Pfeffer abschmecken.

4. Die Tagliatelle in reichlich Salzwasser nach Packungsanweisung bissfest kochen. Abgießen und in eine vorgewärmte Schüssel geben. Die Pilze darübergeben und die restliche Butter darüber verteilen.

Pro Portion: **2264 kJ / 540 kcal / 17 g Fett / 6,2 BE**

Zubereitung: 25 Min

Feurige Penne
mit Pecorino

Bei diesem Rezept können Sie die Gemüsesorten auch variieren – je nach Jahreszeit und Geschmack.

Zutaten für 4 Portionen

400 g Penne
200 g Brokkoliröschen
3 Knoblauchzehen
1 rote Chilischote
250 g Cocktail-Tomaten
4 EL Olivenöl
80 ml Weißwein
1/2 gelbe Zucchini
100 g Pecorino-Käse
Salz, Pfeffer
Basilikum- und Petersilienblätter zum Garnieren

1. Die Penne in ausreichend gesalzenem Wasser nach Packungsanweisung bissfest kochen, dann abgießen.

2. Den Brokkoli in kleine Röschen zerteilen und kurz in kochendem Wasser blanchieren. Den Knoblauch schälen und in Scheiben schneiden. Die Chilischote waschen, halbieren, entkernen und in sehr feine Streifen schneiden. Die Tomaten waschen, vierteln und den Stielansatz herausschneiden.

3. In einer kleinen Pfanne das Olivenöl erhitzen, Knoblauch und Chili darin andünsten. Nicht zu heiß, da der Knoblauch sonst bitter wird.

4. Die Tomaten in die Pfanne geben und kurz mit anbraten. Mit dem Wein ablöschen und den Brokkoli unterrühren. Mit Salz und reichlich schwarzem Pfeffer würzen.

5. Die Zucchini in feine Streifen raspeln, den Käse hobeln. Die Penne mit dem Gemüse vermischen und mit dem Käse, den Zucchiniraspeln und den Kräutern garnieren.

! Wer es nicht so scharf mag, kann die Chilischote und den Knoblauch nach dem Anbraten wieder aus der Pfanne nehmen.

Pro Portion: **2580 kJ / 616 kcal / 22 g Fett / 6,9 BE**

Tipp:

Pecorino ist ein italienischer Schafmilchkäse (von ital. pecora = Schaf), der aus Rohmilch hergestellt wird. Es gibt vier Typen, mit geschützer Ursprungsbezeichnung (DOP): Pecorino romano, Pecorino sardo, Pecorino siciliano und Pecorino toscano. Viele Pastaliebhaber wählen lieber Pecorino als Parmesan.

Zubereitung: 20 Min

Spaghetti Mykonos
mit Oliven und Schafskäse

Zutaten für 4 Portionen

400 g Spaghetti
6 EL Olivenöl
2 Knoblauchzehen
250 g reife Tomaten
100 g schwarze Oliven ohne Stein
200 g Feta-Schafskäse
Pfeffer, Salz

1. Spaghetti in kochendem Salzwasser nach Packungsanweisung bissfest kochen, dann abgießen.

2. Das Olivenöl in einer großen Pfanne erhitzen. Die Knoblauchzehen schälen, pressen und anbraten. Nicht zu heiß, da der Knoblauch sonst bitter wird.

3. Die Tomaten mit kochendem Wasser überbrühen und häuten. Stiel, Kerne und Saft entfernen und das Fruchtfleisch würfeln. Zum Knoblauch in die Pfanne geben.

4. Die Oliven abtropfen lassen und im Ganzen ebenfalls in die Pfanne geben. Alles zusammen erhitzen.

5. Die abgetropften Spaghetti mit in die Pfanne geben, unterrühren und mit reichlich frisch gemahlenem schwarzen Pfeffer würzen.

6. Den Schafskäse grob mit den Fingern zerbröckeln. Die Spaghetti auf vorgewärmten Tellern verteilen und den Schafskäse darüberstreuen.

Pro Portion: **2865 kJ / 684 kcal /31 g Fett / 6,6 BE**

Zubereitung: 15 Min

Asiatische Nudeln

an schwarzem Sesam und Minze

1. Die Reisnudeln in kochendes, leicht gesalzenes Wasser geben und nach Packungsanweisung kochen. Dann in ein Sieb gießen und abtropfen lassen.

2. Das Erdnussöl in einer großen Bratpfanne oder im Wok erhitzen. Den Knoblauch schälen, pressen und im Öl anbraten. Das Chilipulver und die schwarzen Sesamsamen hinzufügen.

3. Die abgetropften Nudeln mit der Sojasauce, der Hoisinsauce und dem Zucker in der Pfanne mischen und zwei Minuten gut durchziehen lassen.

4. Die Blätter der frischen Minze waschen, trocken schütteln und von den Stängeln zupfen und in feine Streifen schneiden. Die Nudeln auf vorgewärmten Tellern anrichten, mit der Minze bestreuen und sofort servieren.

Zutaten für 4 Portionen

400 g chinesische Reisbandnudeln
6 EL Erdnussöl
3 Knoblauchzehen
1/2 TL Chilipulver
4 EL schwarze Sesamsamen
6 EL Sojasauce
4 EL Hoisinsauce
2 TL Zucker
1 Bund Minze

Pro Portion: **2374 kJ / 567 kcal / 18 g Fett / 6,9 BE**

Zubereitung: 30 Min

Zutaten für 4 Portionen

300 g Schweinefilet
4 Knoblauchzehen
300 g Brokkoli
1 EL Olivenöl
500 g Tomaten
1 Zweig Basilikum zum Garnieren
400 g Pappardelle
Kräutersalz, schwarzer Pfeffer

Pappardelle
mit Schweinefilet

Eine kernige Variante für den großen Hunger. Mit den breiten Nudeln entsteht so ein winterliches Gericht, mit dem Sie Familie oder Freunde begeistern können.

Pro Portion: **2101 kJ / 502 kcal / 9 g Fett / 6,7 BE**

1. Das Schweinefilet waschen, trocken tupfen und in Streifen schneiden. Den Knoblauch schälen, pressen und mit den Filetstreifen vermengen. Den Brokkoli waschen und in Röschen zerteilen, den Stiel schälen und hacken.

2. Das Olivenöl in einer großen Pfanne erhitzen, die Filetstreifen zugeben und scharf anbraten. Brokkoli mit in die Pfanne geben und schmoren lassen, bis er gar ist.

3. Die Tomaten waschen und würfeln, den Stielansatz und die Kerne dabei entfernen. Die Pfanne vom Herd nehmen und die gewürfelten Tomaten hineingeben.

4. Die Pappardelle nach Packungsanweisung in reichlich gesalzendem Wasser bissfest kochen. Dann abgießen und mit dem Schweinefilet, dem Brokkoli und den Tomaten vermischen. Mit Kräutersalz und frisch gemahlenem schwarzen Pfeffer abschmecken.
Mit Basilikum garniert servieren.

Zubereitung: 30 Min

Penne
mit frischem Frühlingsgemüse

Zutaten für 4 Portionen

200 g Kirschtomaten
1 gelbe Paprikaschote
1 rote Paprikaschote
1 Zucchini
200 g grüner Spargel
2 EL Olivenöl
Salz, Pfeffer
150 ml Gemüsebrühe
150 g Brie
1-2 Zweige Dill
400 g Penne

1. Die Paprika waschen, halbieren, entkernen und in Streifen schneiden. Die Zucchini waschen und in Scheiben schneiden. Die Kirschtomaten waschen.

2. Den Spargel waschen, das holzige Ende abschneiden und das untere Drittel schälen. In etwa 3 cm lange Stücke schneiden und in gesalzenem Wasser ca. 5 Minuten kochen.

3. Öl in einer Pfanne erhitzen und das Gemüse ca. 5 Minuten anbraten, dann mit der Gemüsebrühe ablöschen. Weitere 5 Minuten garen lassen, mit Salz und Pfeffer abschmecken.

4. Den Brie in kleine Stücke schneiden. Den Dill waschen, trocken schütteln und fein hacken.

5. Penne in ausreichend gesalzenem Wasser nach Packungsanweisung bissfest kochen, in ein Sieb abgießen und abtropfen lassen.

6. Die Penne zu dem Gemüse geben und vermengen. Kurz vor dem Servieren noch den Dill und die Brie-Stücke unter die Penne mischen.

Pro Portion: **2453 kJ / 586 kcal / 19 g Fett / 6,9 BE**

Zubereitung: 30 Min

Linguine
mit Artischocken, Spargel und Austernpilzen

1. Den grünen Spargel waschen, die holzigen Enden entfernen, das untere Drittel schälen und in gesalzenem Wasser 8 Minuten garen. Dann abgießen und warm stellen.

2. Die Austernpilze mit einem feuchten Tuch putzen und in Streifen schneiden. Die Knoblauchzehen schälen. Das Öl in einer Pfanne erhitzen und die Pilze mit den ganzen Knoblauchzehen ca. 10 Minuten bei geringer Hitze andünsten.

3. Die Artischockenherzen abtropfen lassen und halbieren. Die getrockneten Tomaten in Streifen schneiden. Oliven entkernen und in Scheiben schneiden.

4. Die Linguine in reichlich gesalzenem Wasser nach Packungsanweisung bissfest kochen, dann abgießen.

5. Die Petersilie waschen, trocken schütteln, die Blättchen von den Stängeln zupfen und fein hacken. Die Linguine mit Spargel, Austernpilzen, Tomaten, Oliven und je nach Geschmack auch den Knoblauchzehen vermengen und mit Petersilie bestreut servieren.

Zutaten für 4 Portionen

400 g grüner Spargel
200 g Austernpilze
6 Knoblauchzehen
2 EL Olivenöl
1 Dose Artischockenherzen
100 g in Öl eingelegte getrocknete Tomaten
50 g schwarze Oliven
400 g Linguine
1/2 Bund Petersilie

Pro Portion: **2438 kJ / 582 kcal / 12 g Fett / 8,6 BE**

Zubereitung: 30 Min
Kühlzeit: 30 Min

Tortellini

selbst gemacht mit Kräutern und Ricotta

Pasta aus der eigenen Herstellung ist nur halb so schwer, wie Sie denken. Aber dafür doppelt so köstlich!

Zutaten für 4 Portionen

Nudelteig
150 g Weizenmehl
30 g Hartweizenmehl
3 Eigelb
1 Ei
Salz
1 TL Olivenöl

Füllung
4 getrocknete Tomaten in Öl
1 Zweig Petersilie
1 Bund Basilikum
2 Zweige Thymian
200 g Ricottakäse
30 g geriebener Parmesan
Salz, Pfeffer
1 Ei
2 Tomaten
2 EL Olivenöl

1. Weizen- und Hartweizenmehl auf die Arbeitsfläche sieben und in die Mitte eine Kuhle eindrücken. Eigelb, Ei, Salz und Öl hineingeben und alles zu einem glatten Teig kneten. Diesen in Frischhaltefolie einschlagen und 30 Minuten im Kühlschrank ruhen lassen.

2. Für die Füllung die Tomaten abtropfen lassen und klein schneiden. Die Kräuter waschen, trocken schütteln, die Blätter von den Stängeln zupfen und fein hacken. Die Hälfte des Basilikums beiseite stellen. Das Ei trennen. Ricotta, Parmesan, Tomaten und Kräuter mit dem Eigelb vermischen, salzen und pfeffern.

3. Den Teig dünn ausrollen und mit einem Teigrädchen in ca. 5 x 5 cm große Quadrate schneiden. Die Ränder mit dem Eiweiß einpinseln und in die Mitte der Quadrate jeweils eine haselnussgroße Menge der Füllung geben. Das Quadrat zu einem Dreieck zusammenklappen. Dieses um den Zeigefinger legen, so dass die Spitze des Dreiecks oben ist. Beide Enden zusammendrücken, die Spitze nach unten biegen und vom Finger abziehen.

4. Die Tortellini in gesalzenem Wasser ca. 5 Minuten kochen, dann mit einem Schaumlöffel aus dem Wasser nehmen.

5. Die Tomaten waschen, halbieren, Stielansatz und Kerne entfernen, das Fruchtfleisch fein würfeln. Das Öl in einer Pfanne erhitzen, die Tomatenwürfel und das Basilikum dazugeben und gut durchmischen. Mit Salz und Pfeffer abschmecken.

6. Tortellini auf vorgewärmten Tellern anrichten und die Tomaten darübergeben.

Pro Portion: **1730 kJ / 413 kcal / 17 g Fett / 3,4 BE**

Tipp:

Hartweizenmehl wird aus Hartweizen hergestellt, welcher einen deutlich höheren Proteingehalt als Weichweizen hat. Es wird v.a. für lockere Weißbrote oder Nudelteig verwendet und ist nicht überall erhältlich. Alternativ eignet sich aber auch sehr gut Spätzlemehl!

Zubereitung: 20 Min

Gemüse-Linguine
mit Schinken

Zutaten für 4 Portionen

1 rote Zwiebel
1 Zucchini
1 gelbe Paprikaschote
4 EL Olivenöl
100 g gekochter Schinken
Salz, Pfeffer
150 g schwarze Oliven ohne Stein
1 Bund Petersilie

400 g Linguine

1. Die Zwiebel schälen und klein würfeln. Die Zucchini längs halbieren und in Scheiben schneiden, die Paprika waschen, Stiel und Kerne entfernen, Fruchtfleisch in Streifen schneiden.

2. Das Öl in einer Pfanne erhitzen, die Zwiebeln mit dem in Streifen geschnittenen Schinken anbraten. Die Paprika dazugeben, nach etwa 2 Minuten die Zucchini. Das Gemüse bissfest andünsten, pfeffern und sparsam salzen – der Schinken kann sehr salzig sein!

3. Die Oliven abtropfen lassen und in dünne Scheiben schneiden. In die Pfanne geben, damit sie warm werden.

4. Die Petersilie waschen, trocken schütteln, die Blätter von den Stängeln zupfen und fein hacken.

5. Linguine in ausreichend gesalzenem Wasser nach Packungsanweisung bissfest kochen, dann in ein Sieb abgießen. Auf die vorgewärmten Teller verteilen, das Gemüse mit Schinken und Oliven darauf anrichten. Mit der gehackten Petersilie bestreuen.

Pro Portion: **2764 kJ / 660 kcal / 28 g Fett / 6,9 BE**

Zubereitung: 45 Min

Fettuccine

mit Hähnchen und Pilzen

1. Die Hähnchenbrustfilets waschen, trocken tupfen und in dünne Streifen schneiden. Öl und Butter in einer Pfanne erhitzen, die Filetstreifen bei mittlerer Hitze ca. 3 Minuten anbraten.

2. Die Zwiebel und den Knoblauch schälen und fein hacken. Die Pilze putzen und in Scheiben schneiden. Alles zu den Filets in die Pfanne geben und unter Rühren weitere 5 Minuten andünsten.

3. Mit dem Wein ablöschen und die Flüssigkeit auf die Hälfte einkochen lassen, dann die Sahne zufügen.

4. Das Mehl mit etwas Wasser glatt rühren, dazugeben und unter Rühren aufkochen, bis die Sauce eindickt. Weitere 2 Minuten köcheln lassen. Salzen und pfeffern. Die Petersilie waschen, trocken schütteln, die Blättchen abzupfen und fein hacken. Unter die Sauce rühren.

5. Die Fettuccine in reichlich gesalzenem Wasser nach Packungsanweisung bissfest kochen. Abgießen, in eine vorgewärmte Schüssel geben und die Sauce unterheben.

6. Den Parmesan grob hobeln und die Pasta damit bestreuen.

Zutaten für 4 Portionen

400 g Hähnchenbrustfilet
1 EL Olivenöl
30 g Butter
1 rote Zwiebel
2 Knoblauchzehen
250 g Champignons
100 ml Weißwein
200 ml Sahne
2 EL Mehl
Salz
schwarzer Pfeffer aus der Mühle
1 Bund Petersilie
400 g Fettuccine
100 g frischer Parmesan

Pro Portion: **3384 kJ / 808 kcal / 45 g Fett / 7,3 BE**

Zubereitung: 20 Min

Spaghettoni
à la Verdure

Der Trick an dieser Gemüse-Pasta liegt im Würzen: Mit ein wenig Aceto Balsamico erhält das Gericht seine ganz eigene, unverwechselbare Note!

Zutaten für 4 Portionen

300 g Wirsing
2 gelbe Paprikaschoten
1 Knoblauchzehe
2 EL Olivenöl
100 ml Gemüsebrühe
1 Bund Basilikum
1 Bund glatte Petersilie
2 EL Crème Fraîche
1 TL frisch gemahlener schwarzer Pfeffer
Salz
2 EL Aceto Balsamico
400 g Spaghettoni
50 g Parmesan

1. Den Wirsing waschen und in ganz feine, dünne Streifen schneiden. Die Paprika waschen, halbieren, entkernen und in Streifen schneiden. Den Knoblauch schälen und fein würfeln.

2. Das Olivenöl in einer großen Pfanne erhitzen. Wirsing, Knoblauch und Paprika andünsten. Mit der Gemüsebrühe ablöschen und 8-10 Minuten köcheln lassen.

3. Das Basilikum und die Petersilie waschen, trocken schütteln und die Blätter von den Stängeln zupfen. Diese dann grob hacken und beiseite stellen.

4. Die Crème Fraîche und den frisch gemahlenen Pfeffer unter die Sauce mischen. Mit Salz und dem Aceto Balsamico abschmecken.

5. Spaghettoni in reichlich gesalzenem Wasser nach Packungsanweisung bissfest kochen. Abgießen und abtropfen lassen. Dann sofort mit der Gemüsesauce vermischen und auf vorgewärmte Teller geben. Den Parmesan darüberreiben und die Kräuter untermischen.

! Statt Spaghettoni passen zu diesem Rezept auch alle anderen dickeren Nudeln, wie Makkaroni oder Penne.

Pro Portion: **2249 kJ / 537 kcal / 13 g Fett / 7,2 BE**

Diät-Tipp:

Vielleicht ist ja Ihre Blutgruppe Schuld, dass Sie nicht abnehmen? Der US-amerikanische Heilkundler Peter D'Adamo empfiehlt für Blutgruppe 0 keine Milchprodukte, aber Fleisch zu essen, für A nur vegane Ernährung, also ohne Fleisch, Fisch und Milch, für Blutgruppe B Nahrung aus Wild, Tiefseefischen und Milch, für AB rein vegetarische Kost. Wer sich strikt danach richtet, soll angeblich abnehmen. Diese Theorie ist allerdings bisher nicht wissenschaftlich belegt.

Zubereitung: 35 Min

Penne
mit grünem Spargel

Zutaten für 4 Portionen

500 g grüner Spargel
1 Zwiebel
50 g Butter
300 g Penne
200 ml Sahne
150 g Schafskäse
Salz, Pfeffer
50 g geriebener Parmesan

1. Den Spargel waschen, das holzige Ende abschneiden und das untere Drittel schälen. Schräg in ca. 3 cm lange Stücke schneiden.

2. Die Zwiebel schälen und fein würfeln, in der Butter anbraten. Den Spargel dazugeben.

3. Die Nudeln in einem großen Topf in reichlich gesalzenem Wasser bissfest kochen, dann abgießen.

4. Die Sahne und den Schafskäse zum Spargel geben und etwas einkochen lassen. Sobald die Sauce cremig wird, die Penne unterrühren, mit Salz und Pfeffer würzen. Auf vorgewärmten Tellern verteilen und den geriebenen Parmesan getrennt dazu reichen.

Pro Portion: **2637 kJ / 630 kcal / 34 g Fett / 5,1 BE**

Zubereitung: 20 Min

Linguine
mit getrockneten Tomaten und Shrimps

Zutaten für 4 Portionen

100 g getrocknete Tomaten in Öl
2 Knoblauchzehen
1 rote Chilischote
3 EL Olivenöl
300 g Shrimps
Salz, schwarzer Pfeffer
400 g Linguine
1/2 Bund Petersilie

1. Die getrockneten Tomaten abtropfen lassen und in feine Streifen schneiden. Den Knoblauch schälen und grob hacken. Die Chili waschen, entkernen und in feine Streifen schneiden. Die Petersilie waschen, trocken schütteln, die Blätter vom Stiel zupfen und sehr fein hacken.

2. Das Olivenöl in einer Pfanne erhitzen, den Knoblauch und die Chilischote bei milder Hitze andünsten. Nicht zu heiß, sonst verbrennt der Knoblauch und wird schnell bitter!

3. Die Tomatenstreifen dazugeben und 3-4 Minuten mitdünsten. Dann die Temperatur erhöhen und die Shrimps ganz kurz mitbraten. Mit Salz und Pfeffer abschmecken.

4. Die Linguine in reichlich gesalzenem Wasser nach Packungsanweisung bissfest kochen, in ein Sieb abgießen. Dann zu den Shrimps in die Pfanne geben und alles vermengen.

5. Petersilie waschen, trocken schütteln und kleinschneiden. Die Pasta auf vorgewärmten Tellern verteilen und mit Petersilie bestreut servieren.

! Wenn Sie tiefgekühlte Shrimps verwenden, müssen sie vor dem Braten vollständig aufgetaut sein – sonst werden sie leicht zäh und hart.

Pro Portion: **2466 kJ / 589 kcal / 11 g Fett / 7,8 BE**

Zubereitung: 20 Min

Zutaten für 4 Portionen

1 Zwiebel
4 Knoblauchzehen
8 EL Olivenöl
2 Chilischoten
300 g Rucola
400 g Spaghetti
Salz, Pfeffer
80 g geriebener Parmesan

Pro Portion: **2095 kJ / 500 kcal / 16 g Fett / 6,5 BE**

Spaghetti
mit Rucola

Die gute alte Rauke kam als Rucola wieder ganz groß raus. Leider nur als Salat – dabei kann sie sehr viel mehr!

1. Die Zwiebel schälen und grob hacken. Die Knoblauchzehen schälen und pressen. Die Chilischote waschen, halbieren, entkernen und in feine Streifen schneiden. Den Rucola verlesen, waschen und trocken schleudern. Größere Blätter grob zerkleinern.

2. In einer breiten Pfanne das Öl erhitzen, Zwiebel, Knoblauch und Chilistreifen darin andünsten. Den Rucola zugeben und kurz in der Pfanne schwenken, nicht zu lange, da der er sonst zusammenfällt.

3. Die Spaghetti nach Packungsanweisung in reichlich gesalzenem Wasser kochen, abgießen und abtropfen lassen. Unter die Rucola-Mischung heben und mit Salz und frisch gemahlenem schwarzen Pfeffer abschmecken. Auf die vorgewärmten Teller verteilen und Parmesan dazu reichen.

Zubereitung: 35 Min

Zutaten für 4 Portionen

1 kleine Zwiebel
1 Knoblauchzehe
1 große Zucchini
2 EL Olivenöl
10 Eier
125 ml fettarme Milch
Salz, Pfeffer
1 TL Chilipulver
1 TL scharfer Paprika

Serviertipp
1/2 Avocado
Saft einer Limette
1 rote Chilischote
4 Taco-Shells
1/2 Bund Schnittlauch

Rührei
mit Chili

Dieses herzhafte Frühstück hat seinen Ursprung in Mexiko, wo die „Huevos Rancheros" von den Farmarbeitern als zweites Frühstück gegessen wurde. Im Original gehören noch weiße Bohnen mit Tomatensauce dazu!

1. Die Zwiebel und den Knoblauch schälen und fein hacken. Die Zucchini waschen und würfeln. Das Öl in einer Pfanne erhitzen, die Zwiebeln glasig anbraten, dann Knoblauch und Zucchiniwürfel zugeben und ca. 3 Minuten weiterbraten.

2. Die Eier in eine Schüssel geben, mit Milch, Salz und Gewürzen verquirlen und über die Zucchini gießen. Wenn die Masse zu stocken beginnt, vorsichtig umrühren. Wenn das Rührei noch cremig ist, die Pfanne vom Herd nehmen, sonst wird es zu trocken.

Zum Servieren: Die Avocado aus der Schale lösen, in Streifen schneiden und mit Limettensaft beträufeln. Die Chilischote längs halbieren, den Schnittlauch waschen, trocken schütteln und in dünne Ringe schneiden. Das Rührei in die Taco-Shells füllen und mit Avocado, Chili und Schnittlauch garnieren.

Pro Portion: **1184 kJ / 282 kcal / 21 g Fett / 0,3 BE**

Tipp:

Scharf macht schlank. Chilis heizen dem Stoffwechsel tüchtig ein, und der Körper verbrennt mehr Kalorien. Verantwortlich für die Schärfe der Chilischoten ist das Alkaloid Capsaicin.

Zubereitung: 15 Min

kcal Fett LC

Rührei
mit Tomaten

Zutaten für 2 Portionen

1 TL Olivenöl
1 kleine Zwiebel
1 Knoblauchzehe
4 Eier
Salz, Pfeffer
2 Tomaten
1/2 Bund Petersilie

1. Das Öl in einer Pfanne erhitzen. Die Zwiebel und den Knoblauch schälen und fein hacken, beides anbraten.

2. Die Tomaten waschen, Stielansätze und Kerne entfernen. Das Fruchtfleisch in kleine Würfel schneiden. Die Petersilie waschen, trocken schütteln und fein hacken.

3. Die Eier verquirlen, mit Salz und frisch gemahlenem Pfeffer würzen. Zu der Zwiebel in die Pfanne geben und unter Rühren stocken lassen. Wenn das Ei stockt, sofort von der Platte nehmen, sonst wird das Rührei trocken.

4. Das Rührei mit den Tomaten und der Petersilie vermengen und servieren.

Pro Portion: **465 kJ / 110 kcal / 7 g Fett / 0,2 BE**

Zubereitung: 30 Min
Marinierzeit: 20 Min

Spinatcurry
mit Tofu

1. Den Tofu in 3 cm große Würfel schneiden. Den Ingwer und den Knoblauch schälen, fein hacken und mit Garam masala und Öl verrühren. Über die Tofuwürfel geben und 20 Minuten marinieren lassen.

2. Den Spinat im geschlossenen Topf bei geringer Hitze auftauen. Mit einer Gabel auflockern und ca. 5 Minuten köcheln lassen.

3. Die Zimtstange und die Kardamomkapseln zerbröseln. Zusammen mit den anderen Gewürzen und dem Joghurt zu dem Spinat geben. Bei schwacher Hitze ca. 8 Minuten garen lassen.

4. Den Tofu mit der Marinierflüssigkeit, die gemahlenen Mandeln, den Muskat und die Brühe zugeben. Den Topf fest verschließen und alles 10 Minuten leise köcheln lassen. Die Sahne unterrühren und nicht mehr kochen lassen.

5. Den Koriander waschen, trocken schütteln und die Blättchen abzupfen. Das Spinatcurry mit den Korianderblättern garnieren und mit Chapatis und Raita (Gurken-Joghurt-Gemisch) servieren.

Zutaten für 4 Portionen

250 g Tofu
2 x 2 cm frische Ingwerwurzel
2 Knoblauchzehen
2 TL Garam masala
2 EL Öl
500 g gehackter Blattspinat (TK)
1 Zimtstange
2 Kardamomkapseln
1/2 TL Chilipulver
Salz, weißer Pfeffer
125 g Vollmilchjoghurt
1 EL gemahlene Mandeln
1/2 TL geriebene Muskatnuss
150 ml Gemüsebrühe
3 EL Sahne
1 Zweig frischer Koriander

Pro Portion: **1070 kJ / 256 kcal / 17 g Fett / 0,5 BE**

Zubereitung: 45 Min
Marinierzeit: 120 Min

Fenchel
mariniert mit Anis

So mancher kennt Fenchel nur aus Kindertees, mit denen der Magen beruhigt werden soll. Was kaum jemand weiß: Dem Gemüse wird auch eine Anti-Stress-Wirkung nachgesagt!

Zutaten für 4 Portionen

4 Fenchelknollen (à ca. 300 g)
1 EL Provence-Kräuter in Öl
50 g Walnüsse ohne Schale
2 EL Anissamen
2 Knoblauchzehen
3 EL Olivenöl extra
125 ml trockener Weißwein
1 EL Zitronensaft
Salz
schwarzer Pfeffer
(frisch gemahlen)

Sternanis zum Dekorieren

1. Den Backofen auf 200 °C vorheizen. Die Fenchelknollen waschen und die Schnittstellen nachschneiden. Die feinen Blätter abschneiden und beiseite legen. Den Fenchel längs halbieren.

2. Vier Stücke Alufolie mit etwas Kräuteröl einreiben. Auf jedes Stück Alufolie zwei Fenchelhälften mit den Schnittflächen nach unten legen. Die Folie über dem Fenchel fest verschließen. Bei 200°C etwa 35 Minuten garen.

3. Die Walnüsse grob zerkleinern. Die Knoblauchzehen schälen und pressen.

4. In einer Pfanne 2 Esslöffel Öl erhitzen. Die Nüsse und die Anissamen mit dem Knoblauch kurz anbraten. Mit dem Wein ablöschen und in eine Schüssel geben. Zitronensaft, Salz und Pfeffer zugeben und gut verrühren.

5. Den noch leicht knackigen Fenchel aus dem Ofen nehmen, auspacken und mit der Marinade übergießen. 2-3 Stunden ziehen lassen. Mit feingehacktem Fenchelgrün bestreuen und mit dem Sternanis garnieren.

Pro Portion: **972 kJ / 231 kcal / 13 g Fett / 1,4 BE**

Tipp:

Die ätherischen Öle von Anis und Fenchel wirken verdauungsfördernd und verhindern einen dicken, aufgeblähten Bauch. Wegen dieser Wirkungen werden aus Anis- und Fenchelsamen Heiltees hergestellt. Diese enthalten oft auch noch Kümmel, der zur gleichen Pflanzenfamilie gehört.

„Da ich Kinder sehr liebe und schon früh babygesittet habe, stand ich oft vor dem Problem: Was kocht man für die Kleinen, ohne es um die Ohren gepfeffert zu bekommen?
Damit machen Sie sich und den Kleinen eine große Freude. Wenn doch etwas übrig bleiben sollte, geben Sie einfach Parmesan drauf. Eignet sich auch super als Vorspeise für ein 3-Gänge-Menü."

Zubereitung: 25 Min

kcal Fett LC

Gemüsespieße
gegrillt auf Salat

Zutaten für 4 Portionen

2 rote Paprikaschoten
2 gelbe Paprikaschoten
16 Champignons
12 Kirschtomaten
2 große Zwiebeln
1 EL Olivenöl
Salz, Pfeffer
500 g Feldsalat
1 EL Weißweinessig
1 EL Sonnenblumenöl

1. Die Paprikaschoten waschen, halbieren, entkernen und in große Würfel schneiden. Die Champignons putzen und den Stiel entfernen. Die Kirschtomaten waschen und halbieren. Die Zwiebeln schälen und achteln.

2. Das Gemüse abwechselnd auf einen Schaschlikspieß stecken und mit etwas Olivenöl bepinseln. Salzen und pfeffern.

3. Die Spieße auf den oberen Rost des Backofens legen und unter dem Grill ca. 10 Minuten grillen, nach der Hälfte der Zeit wenden (während der Grillsaison natürlich auf dem Holzkohlegrill!).

4. Den Feldsalat verlesen, waschen und abtropfen lassen. Aus Essig, Öl, Salz und Pfeffer ein Salatdressig verrühren und den Salat damit anmachen. Die Gemüsespieße auf dem Salat anrichten.

Pro Portion: **501 kJ / 120 kcal / 5 g Fett / 1,2 BE**

Zubereitung: 20 Min
Einlegen: 30 Min
Marinieren: 60 Min

Gebratene Auberginen

mit Tomaten und Oliven

1. Die Auberginen waschen und in ca. 1 cm dicke Scheiben schneiden. Mit Salz bestreuen und mindestens 30 Minuten stehen lassen.

2. In einer Pfanne Olivenöl erhitzen und die Auberginenscheiben portionsweise von beiden Seiten je 2 Minuten braten. Danach auf einem Küchenpapier gut abtropfen lassen.

3. Die Petersilie waschen, trocken schütteln, die Blätter abzupfen und fein hacken. Die Knoblauchzehen schälen und fein hacken. Das Olivenöl mit den Kräutern, dem Oregano und der zerkrümelten Chilischote verrühren.

4. Die Auberginenscheiben in eine flache Schüssel geben und die Olivenöl-Kräutermischung darübergeben. Mindestens eine Stunde, besser über Nacht, marinieren lassen.

5. Die Tomaten waschen und in Scheiben schneiden. Abwechselnd mit den Auberginenscheiben auf dem Teller aufschichten. Den Käse in Würfel schneiden, die Oliven abtropfen lassen. Beides darüber verteilen, mit Salz und Pfeffer abschmecken.

Zutaten für 4 Portionen

2 große Auberginen
150 ml Olivenöl
1/2 Bund glatte Petersilie
3 Knoblauchzehen
1 getrocknete Chilischote
1 TL Oregano
4 Fleischtomaten
50 g Emmentaler
50 g schwarze entsteinte Oliven
Salz, Pfeffer

Pro Portion: **1991 kJ / 475 kcal / 44 g Fett / 0,7 BE**

Zubereitung: 35 Min

Zutaten für 4 Portionen

1 kleine Zwiebel
2 Knoblauchzehen
1 EL Olivenöl
400 g saure Sahne
100 g Gruyère
Muskatnuss
gemahlener Pfeffer, Salz
1 kg frischer Blattspinat

Croutons
1 EL Olivenöl
1 Knoblauchzehe
6 Toastbrot-Scheiben

Spinat
auf Käsecreme

Das gesunde Blattgemüse eignet sich nicht nur als Salat oder Beilage, sondern kann auch die Hauptrolle spielen. Wenn Sie auch noch Mandeln, Rosinen und Kreuzkümmel daruntergeben, wird es richtig orientalisch ...

Pro Portion: **1252 kJ / 298 kcal / 22 g Fett / 0,5 BE**

Diät-Tipp:

Salz bindet das Wasser im Körper und kann deshalb auch für eine Gewichtszunahme verantwortlich sein. Darum lieber weniger Salz und mehr frische oder getrocknete Kräuter verwenden.

1. Die Zwiebel und den Knoblauch schälen, klein hacken und in einem Topf mit dem Olivenöl glasig dünsten. Die saure Sahne unterrühren. Die Sauce in ca. 10 Minuten unter Rühren cremig einkochen lassen.

2. Den Käse reiben und einen kleinen Teil davon beiseite stellen. Den Käse in die Sauce hineinrühren bis er sich völlig aufgelöst hat. Mit frisch geriebener Muskatnuss, Pfeffer und Salz abschmecken und warm halten.

3. Den Spinat putzen und waschen. In einem großen Topf Wasser zum Kochen bringen und den Spinat etwa 5 Minuten kochen.

4. Mit einem Schaumlöffel den Spinat aus dem Wasser heben, gut abtropfen lassen und in eine vorgewärmte Schüssel geben. Die Käsesauce darunterziehen und die beiseite gestellten Käseraspel darüberstreuen.

Croutons: Das Olivenöl mit gepresstem Knoblauch in einer Pfanne erhitzen und die gewürfelten Toastbrot-Scheiben darin knusprig anbraten. Danach auf einem Küchenpapier abtropfen lassen.

Zubereitung: 30 Min

Falafel
mit Tahinisauce

1. Die Zwiebel und den Knoblauch schälen, grob hacken und in einen Mixer geben. Die Kichererbsen abtropfen lassen, dazugeben und pürieren. Die Gewürze und das Mehl unter die Kichererbsenmasse mengen.

2. Das Kokosfett sehr heiß werden lassen. Mit nassen Händen aus der Kichererbsenmasse kleine Kugeln formen und in dem heißen Öl schwimmend goldbraun braten.

3. Für die Tahinisauce die Sesampaste und den Joghurt verrühren. Den Knoblauch schälen und zerdrücken. Die Petersilie waschen, die Blättchen abzupfen und fein hacken. Knoblauch, Zitronensaft und gehackte Petersilie unterrühren. Mit Cayennepfeffer, Paprikapulver, Kreuzkümmel und Salz kräftig abschmecken und alles gut verrühren.

Zutaten für 8 Stück

1 Zwiebel
2 Knoblauchzehen
1 Dose gekochte Kichererbsen
1/2 TL Kreuzkümmel Cumin
Salz, Pfeffer, frisch gemahlen
2 EL Mehl
frische Korianderblätter, gehackt
200 g Kokosfett zum Ausbacken

Tahinisauce:
250 g Sesampaste, Tahini
400 g Magerjoghurt
2 Knoblauchzehen
3 Zweige Petersilie
Saft von 2 Zitronen
Cayennepfeffer
Paprikapulver
Kreuzkümmel
2 TL Salz

Pro Stück: **804 kJ / 192 kcal / 13 g Fett / 0,7 BE**

Tahini

Tahini ist eine Paste aus fein gemahlenen Sesamkörnern. Es gibt Tahini aus geschältem Sesam, das weiße Tahini, oder aus ungeschältem Sesam. Dieses ist dunkler und auch etwas bitterer, aber vollwertiger. Oft wird Tahini aus einer Mischung beider Sesamarten hergestellt. Tahini stammt aus der arabischen Küche und ist eine Grundzutat des Hummus. Es wird auch gerne als Beilage oder als Dip gereicht.
Tahini ist reich an Vitamin B1, B2 und B6 und enthält sehr viel Calcium.

Zubereitung: 25 Min
Marinierzeit: 60 Min

Marinierter Ziegenkäse
mit grünem Spargel

1. Die Kräuter waschen und trocken schütteln, bei Rosmarin und Thymian die Blättchen vom Stängel zupfen und alles fein hacken. Die Kräuter in das Olivenöl geben. Roten und schwarzen Pfeffer in einem Mörser zerkleinern und mit je einer Prise Salz und Zucker zum Öl geben und verrühren. Den Ziegenfrischkäse in dem Kräuteröl mindestens eine Stunde, besser über Nacht, marinieren lassen.

2. Den Spargel waschen, die Enden abschneiden und das untere Drittel schälen. In kochendem Salzwasser 8-10 Minuten bissfest kochen. Aus dem Wasser nehmen und abtropfen lassen.

3. Den Friséesalat waschen, in mundgerechte Stücke zerkleinern und trocken schleudern. Den Salat mit einem Teil der Marinade anmachen.

4. Salat, Käse und Spargel auf Tellern anrichten, mit den Sonnenblumenkernen bestreuen und die restliche Marinade darüber träufeln.

Pro Portion: **1597 kJ / 381 kcal / 25 g Fett / 0,6 BE**

Zutaten für 4 Portionen

1 Bund Schnittlauch
1 Zweig Rosmarin
1 Zweig Thymian
100 ml Olivenöl
1 TL roter Pfeffer
1 TL schwarzer Pfeffer
Salz, Zucker
4 kleine französische Ziegenfrischkäse (à 50 g)
500 g grüner Spargel
1 Friséesalat
1 EL Sonnenblumenkerne

Zubereitung: 60 Min

Samosas

aus Indien

Zutaten für 8 Stück

Teig
450 g Weizenmehl
40 g Ghee (geklärte Butter)
1/2 TL Ajowan (oder Thymian)

Füllung
4 -5 mittelgroße Kartoffeln
1 große Zwiebel
2 EL Sonnenblumenöl
1/2 TL Kreuzkümmelsamen
200 g Erbsen (TK)
2 Knoblauchzehen
1 EL getrockneter Ingwer
1/4 TL Chilipulver
1/2 TL Garam masala
1 TL Salz
1/2 TL gemahlener Koriander
Öl zum Frittieren

1. Mehl, Ghee und Ajowan (ersatzweise Thymian) in einer Schüssel miteinander vermengen. Nach und nach ca. 125 ml kaltes Wasser hinzufügen und zu einem geschmeidigen Teig verkneten. Mit einem feuchten Tuch bedeckt 20 Minuten ruhen lassen.

2. Die Kartoffeln gar kochen, pellen und würfeln. Die Zwiebel schälen und fein hacken. In einer Pfanne das Öl erhitzen, den Kreuzkümmel anrösten. Die Zwiebel dazugeben und glasig dünsten. Kartoffeln und Erbsen dazugeben und unter Rühren anbraten, dann die Knoblauchzehen hineinpressen und die restlichen Gewürze unterrühren.

3. Aus dem Teig acht Kugeln formen, diese zu gleichgroßen Kreisen (ca. 20 cm) ausrollen. Die Kreise halbieren, an der Schnittkante mit Wasser anfeuchten und zu einer „Tüte" formen. Die Kartoffelmasse hineinfüllen, dann die offene Seite zusammendrücken.

4. Wenn alle Samosas gefüllt sind, Pflanzenöl in einem großen Topf oder in einer Fritteuse erhitzen. Darin die Samosas portionsweise goldgelb ausbacken. Auf einem Küchenpapier abtropfen lassen und heiß oder lauwarm servieren.

Pro Stück: **1853 kJ / 443 kcal / 22 g Fett / 4,1 BE**

Champignons
am Spieß frittiert

Zubereitung: 15 Min

1. Die Champignons putzen und die Stiele entfernen (diese kann man evtl. für eine Champignonsuppe verwenden). Die Pilzhüte mit Salz und Pfeffer würzen und auf Holzspieße stecken.

2. Auf einen Teller das Mehl geben, auf einem zweiten Teller das Paniermehl mit dem Parmesan mischen. In einer kleinen Schüssel das Eigelb verquirlen.

3. Die Champignons zuerst im Mehl, dann im Eigelb und zum Schluss in dem Parmesan-Paniermehlgemisch drehen und wenden.

4. In einer Fritteuse oder in einer Pfanne in heißem Öl ca. 4 Minuten knusprig ausbacken und auf einem Küchenkrepp abtropfen lassen. Zu frischem Salat servieren.

Zutaten für 8 Stück

600 g Champignons
100 g Mehl
150 g Paniermehl
3 EL Parmesankäse
2 Eigelb
1 TL gerebelter Thymian
Öl

8 Holzspieße

Pro Stück: **3138 kJ / 191 kcal / 38 g Fett / 6,6 BE**

Vorbereitung: 15 Min
Backzeit: 40 Min

Paprikaschoten
mit Schafskäse gefüllt

Dieses farbenfrohe Gericht lässt sich hervorragend für eine Party vorbereiten. Und wenn dann die ersten Gäste eintreffen, müssen Sie die Schoten nur noch in den Backofen schieben – und überraschen Ihre Gäste 40 Minuten später!

Zutaten für 4 Portionen

- 4 große rote Paprikaschoten
- 200 g Schafskäse
- 150 g Magerquark
- 2 Eier
- 1/2 Bund Dill
- Salz, Pfeffer
- 2 Knoblauchzehen
- 2 EL Öl

1. Die Paprikaschoten waschen. Am Stielende einen Deckel abschneiden und die Kerne herauslösen. Den Schafskäse zerbröseln, mit dem Quark und den Eiern in einer Schüssel vermischen.

2. Den Dill waschen, trocken schütteln und fein schneiden. In die Schüssel zu der Quark-Eier-Masse geben, unterrühren und alles mit Salz und Pfeffer abschmecken.

3. Den Knoblauch schälen und pressen und mit dem Öl in einer Auflaufform verteilen.

4. Die Paprikaschoten mit der Quark-Käse-Masse füllen und in die Auflaufform stellen. Im vorgeheizten Backofen bei 200 °C ca. 40 Minuten backen.

Pro Portion: **1119 kJ / 266 kcal / 18 g Fett / 0,6 BE**

Diät-Tipp:

Essen Sie bewusster! Nehmen Sie Ihre Mahlzeiten immer nur am Tisch ein und essen Sie niemals im Auto, auf dem Sofa, am Schreibtisch oder unterwegs beim Gehen oder im Stehen!

Zubereitung: 60 Min

Käse-Omelett
mit Pfifferlingen

Zutaten für 4 Portionen

6 Eier
1 Prise Salz
3 EL Mehl
8 EL Butter
100 g geriebener Gouda
300 Pfifferlinge
2 Zwiebeln
Salz, Pfeffer
1 Bund Petersilie

1. Die Eier trennen, das Eiweiß mit Salz steif schlagen. Eigelb und Mehl mit etwas Wasser zu einem Teig verrühren, dann Eiweiß unterheben.

2. 2 EL Butter in einer beschichteten Pfanne erhitzen und 1/4 der Eiermasse hineingeben. Käse darüberstreuen. Zugedeckt bei schwacher Hitze etwa 5-7 Minuten stocken lassen. Im warmen Backofen warm stellen und die weiteren Omeletts backen.

3. Die Pfifferlinge putzen. Die Pilze dabei mit einem Tuch abreiben, nicht waschen: Die Pilze saugen sich sonst voll Wasser. Die Zwiebeln schälen und in feine Würfel schneiden.

4. In einer flachen Pfanne die restliche Butter zerlassen. Die Zwiebeln dazugeben und bei schwacher Hitze glasig dünsten. Die Petersilie waschen, trocken schütteln, die Blätter abzupfen und grob hacken. Mit den Pilzen zu den Zwiebeln geben. Kurz mitbraten und mit Salz und reichlich Pfeffer würzen.

5. Die Omeletts auf Teller gleiten lassen und mit den Pfifferlingen anrichten.

Pro Portion: **1795 KJ / 429 kcal / 34 g Fett / 0,7 BE**

Zubereitung: 45 Min

Pilztöpfchen
überbacken

1. Die Pfifferlinge putzen und die Stiele etwas kürzen. Die Zwiebeln und den Knoblauch schälen und fein würfeln. Das Öl in einer Pfanne leicht erhitzen, Zwiebeln, Knoblauch und Pfifferlinge darin andünsten.

2. Das Schweinefilet waschen, trocken tupfen und in Würfel schneiden ebenfalls kurz anbraten, salzen und pfeffern.

3. Vier kleine feuerfeste Töpfchen mit Butter ausstreichen. Jeweils ein Viertel des Schweinefleisches einfüllen und ein Viertel der Pilze darübergeben. In den vorgeheizten Backofen (H 220 °C, mittlere Schiene) schieben.

4. Den Mozzarella abtropfen lassen und in Scheiben schneiden. Die Kräuter waschen, die Blättchen von den Stielen zupfen und fein hacken. Nach 10 Minuten Garzeit die Pilze mit den Mozzarella-Scheiben belegen. Die Kräuter darüberstreuen und weitere 5-10 Minuten überbacken.

Zutaten für 4 Portionen

500 g frische Pfifferlinge
2 EL Olivenöl
2 Knoblauchzehen
2 Zwiebeln
500 g Schweinefilet
Salz, Pfeffer
2 EL Butter
300 g Mozzarella
2-4 Zweige frischer Kräuter (z.B. Thymian, Oregano)

Pro Portion: **1685 KJ / 416 kcal / 28 g Fett / 0,2 BE**

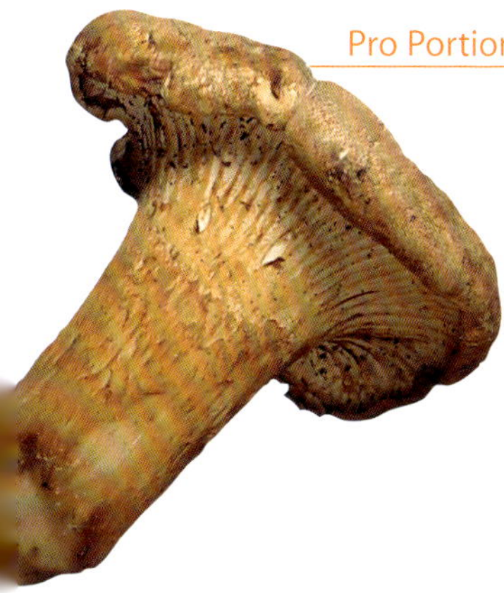

Zubereitung: 60 Min

Käsefrittata
mit Lauch

Die Frittata ist die italienische Variante unseres Omeletts: Sie ist allerdings wesentlich dicker und wird nicht geklappt. In ihrer Heimat werden in der Frittata gerne Reste verwertet. Sie schmeckt mit jedem Gemüse oder Shrimps!

Zutaten für 4 Portionen

3 Stangen Lauch
2 EL Olivenöl
2 mittelgroße Zucchini
1 Knoblauchzehe
5 Eier
Salz, Pfeffer
50 g geriebener Parmesan
50 g geriebener Emmentaler
1 Bund Schnittlauch

1. Den Lauch putzen, waschen und in sehr feine Ringe schneiden. In einer Pfanne 1 EL Olivenöl erhitzen. Lauch darin bei schwacher Hitze anbraten und abgedeckt ca. 10 Minuten dünsten.

2. Die Zucchini in sehr dünne Stifte schneiden, den Knoblauch schälen und pressen. Beides in die Pfanne geben und weitere 10 Minuten dünsten.

3. Alles aus der Pfanne nehmen und abkühlen lassen. Die Eier mit Salz, Pfeffer und Käse verquirlen und in die Pfanne geben.

4. 1 EL Öl in der Pfanne erhitzen. Die Eiermischung hineingeben und die Oberfläche glätten. Bei schwacher Hitze etwa 15 Minuten stocken lassen. In den vorgeheizten Backofen geben und unter dem Grill 2-3 Minuten überbacken. Vor dem Anschneiden etwa 5 Minuten ruhen lassen.

5. Den Schnittlauch waschen und in dünne Ringe schneiden. Die Frittata auf vorgewärmten Tellern verteilen und mit Schnittlauch garnieren.

Pro Portion: **1318 kJ / 314 kcal / 22 g Fett / 0,5 BE**

Knoblauch:

... wird als Naturheilmittel gegen Bluthochdruck, hohen Cholesterinspiegel und zur Vorbeugung gegen Arterienverkalkung verwendet. Er wirkt entzündungshemmend bei Magen- und Darmerkrankungen. Knoblauch enthält schwefelhaltige Aromastoffe, die nach Verzehr durch Haut und Schleimhäute ausgeschieden werden.

Zubereitung: 40 Min

Gebratener Reis
mit Früchten

Zutaten für 4 Portionen

250 g Langkornreis
1 rote Paprikaschote
1 grüne Paprikaschote
1 Ananas
2 EL Sesamöl
8-10 Scampi
50 g Rosinen
1/2 TL Curry
1/2 TL Chilipulver
Salz, Pfeffer

1. Den Reis nach Packungsanweisung in leicht gesalzenem Wasser garen. Dann abkühlen lassen.

2. Die Paprikaschoten waschen, entkernen und in kleine Würfel schneiden. Die Ananas halbieren, die Schale und den Strunk entfernen und das Fruchtfleisch in kleine Würfel schneiden.

3. Das Sesamöl in der Pfanne erhitzen. Die Scampi kurz anbraten, dann herausnehmen.

! Wenn Sie die Scampi zu lange braten, werden sie schnell hart und trocken!

4. Die Paprika kurz in der Pfanne anbraten, Ananas, Rosinen und Reis hinzugeben. Curry und Chilipulver dazugeben, gut durchmischen und weitere 5 Minuten braten. Salzen, pfeffern und die Scampi wieder dazugeben. Evtl. in der ausgehöhlten Ananas servieren.

Variante: Statt Ananas und Scampi ist das Rezept genauso gut, wenn Sie Hühnerbrust und Mango verwenden. Dafür einfach die Hühnerbrust (ca. 200 g) von beiden Seiten ca. 10 Min. goldbraun braten, dann in Streifen schneiden. Die Mango schälen und das Fruchtfleisch vom Kern schneiden.

! Wenn Sie keine frische Ananas oder Mango finden, können Sie auch Früchte aus der Dose nehmen. Achten Sie dann aber darauf, dass der Saft ungezuckert ist – sonst wird dieses Gericht zu süß.

Pro Portion: **1662 kJ / 397 kcal / 5 g Fett / 5,5 BE**

„Da isst das Auge mit! Nicht nur Nachtisch, wie Eis, kann man in exotischen Früchten servieren, sondern auch den Hauptgang.
Probieren Sie doch einmal diese Variante aus. Ein paar geröstete Erdnüsse dazu, und schon haben Sie die Kinder auf Ihrer Seite. Mit dem ausgehöhlten Fruchtfleisch lässt sich auch ein leckerer Nachtisch zaubern. Ananas mit Vanilleeis und frischer Minze."

Fleisch & Geflügel

Hin und wieder soll es etwas Herzhaftes sein: Dann stehen Rind, Schwein, Huhn & Co. auf dem Speiseplan. Mit diesen Rezepten ganz einfach!

Gerade bei frischem Fleisch und Geflügel ist es wichtig, dass man ein wachsames Auge auf die Qualität der Produkte hat. Für alle, die darauf achten wollen, dass sie nicht zu viel essen, bietet es sich an, kleinere Portionen Fleisch zu kaufen – die aber von besserer Qualität. Fragen Sie doch am besten den Metzger Ihres Vertrauens, er weiß genau, woher er sein Fleisch bezieht und wie es schmeckt.
Ein immer noch weit verbreitetes Vorurteil sorgt dafür, dass immer noch viele nach einem „mageren" Stück Fleisch verlangen. Das ist schade, denn Fett ist ein hervorragender Geschmacksträger und bei fein marmoriertem Fleisch brät es komplett heraus. Zurück bleibt feinster Geschmack!

Original Thüringer
Frühstückswurst 2,20 €
Hackepeter gewürzt
1,29 €
+ Fleischwurst
-,99 €
Bierschinken

Zubereitung: 50 Min
Marinierzeit: 60 Min

Steak
mit Tomatengemüse

Das Fleisch muss mindestens zwei Wochen abgehangen sein, damit es zart ist. Ein Rindersteak ist gut, wenn man mit dem Finger eine Vertiefung ins Fleisch drücken kann.

Zutaten für 4 Portionen

4 Rindersteaks (à 150 g)
2 Knoblauchzehen
250 ml Rotwein
1 Lorbeerblatt
1 TL Pfefferkörner
Salz, Pfeffer

Tomatengemüse
1 kg Tomaten
6 EL Olivenöl
4 Knoblauchzehen
1 Bund glatte Petersilie
1 Bund Basilikum
Thymian gerebelt

1. Die Rindersteaks waschen und mit Küchenkrepp trocken tupfen. Den Knoblauch schälen und pressen, mit dem Wein und den Gewürzen verrühren. Die Steaks darin mindestens 1 Stunde, am besten über Nacht, marinieren.

2. Das Fleisch wieder herausnehmen und abtropfen lassen. Die Marinade aufbewahren. Die Steaks im heißen Öl von jeder Seite ca. 3-5 Minuten braten.

3. Die Tomaten kurze Zeit in kochendes Wasser legen. Dann häuten, die Stielansätze und Kerne entfernen, das verbleibende Fruchtfleisch würfeln.

4. Das Öl in einer Pfanne erhitzen. Die Knoblauchzehen schälen und drei davon in dem Öl andünsten. Herausnehmen, bevor sie braun werden.

5. Petersilie und Basilikum waschen, trocken schütteln und die Blättchen von den Stängeln zupfen. Die Petersilie fein hacken, die Basilikumblättchen in Streifen schneiden.

6. Ein Drittel von dem Knoblauchöl in eine Gratinform geben, darauf die Hälfte der Tomaten anrichten, mit Salz, Pfeffer und Thymian bestreuen und die übrige Knoblauchzehe darüber pressen. Den Großteil der Basilikumblättchen darüber verteilen, mit dem Knoblauchöl beträufeln, die Tomaten darauf verteilen, mit Salz und Pfeffer würzen und mit Öl beträufeln.

7. Die Form auf dem Rost in den vorgeheizten Backofen schieben und bei etwa 180 °C etwa 20 Minuten garen.

Pro Portion: **1782 kJ / 424 kcal / 24 g Fett / 1,2 BE**

Diät-Tipp:

Fangen Sie heute noch an, Ihre guten Vorsätze in die Tat umzusetzen! Es gibt keinen guten Grund, den Plan zum Erreichen des Wunschgewichtes noch weiter zu verzögern. Psychologen sprechen hierbei von der 72-Stunden-Regel: Alles, was länger als 72 Stunden aufgeschoben wird, wird niemals angefangen!

Zubereitung: 50 Min

LC

Kalbsschnitzel

mit Pilz-Thymian-Sauce

Es lohnt sich, bei Ihrem Gemüsehändler nach frischem Thymian zu fragen: Er ist sehr viel aromatischer und frischer im Geschmack als der getrocknete.

Zutaten für 4 Portionen

2 Zwiebeln
2 EL Olivenöl
1-2 EL Tomatenmark
300 ml Rinderbrühe
1 Lorbeerblatt
4 Kalbsschnitzel (à ca 200 g)
Salz, Pfeffer
2 EL Mehl
100 g Sahne
500 g frische Pilze (z.B. Steinpilze, Pfifferlinge, Egerlinge gemischt)
2 EL Butter
2-3 Zweige frischer Thymian

1. Die Zwiebeln schälen und in feine Ringe schneiden. In 1 EL Öl in einem flachen Topf 5 Minuten glasig andünsten. Das Tomatenmark zugeben und weiter andünsten lassen. Mit der Brühe ablöschen, das Lorbeerblatt zugeben. 15 Minuten köcheln lassen.

2. Den Backofen auf ca. 100 °C vorheizen. Die Kalbsschnitzel salzen, pfeffern und leicht mit Mehl abstäuben. In einer flachen Pfanne das restliche Öl erhitzen und die Kalbsschnitzel von jeder Seite 3–5 Min (je nach Dicke) anbraten. In Alufolie einschlagen und in den Backofen geben.

3. Dann die Sahne zu der Sauce geben, mit dem Mixer pürieren. Mit Salz und Pfeffer abschmecken. Die Pilze putzen (am besten mit einem Tuch abreiben) und je nach Größe halbieren oder vierteln. In der Butter von allen Seiten anbraten, dann zu der Sauce geben.

4. Den Thymian waschen, trocken schütteln und die Blättchen vom Stil zupfen, ebenfalls zu der Sauce geben. Noch einmal mit Salz und Pfeffer abschmecken. Die Kalbsschnitzel mit der Sauce angerichtet servieren. Dazu schmecken Blechkartoffeln.

Pro Portion: **576 kcal / 2411 KJ / 21 g Fett / 2,0 BE**

Zubereitung: 30 Min

Lollo Rosso

mit Steakstreifen und Blauschimmelkäse

Statt des Rinderfilets können Sie auch Lammfilet verwenden. Der kräftige Geschmack passt gut zu dem Käse.

Zutaten für 4 Portionen

250 g Rinderfilet
4 EL Olivenöl
Salz, Pfeffer
1 kleiner Lollo Rosso
1 Bund Rucola
2 Fleischtomaten
250 g Blauschimmelkäse
(z. B. Roquefort, Bavaria Blu)
1 Bund Schnittlauch
1 EL Weißweinessig

1. Backofen auf 100 °C vorheizen. Etwas Olivenöl in einer Pfanne erhitzen. Das Rinderfilet salzen und pfeffern und von beiden Seiten je 1-2 Minuten anbraten. In Alufolie wickeln und für ca. 15 Minuten in den Backofen legen.

2. Den Lollo Rosso und den Rucola putzen, waschen, in mundgerechte Stücke schneiden und trocken schleudern.

3. Die Fleischtomaten waschen und in Scheiben schneiden. Den Blauschimmelkäse in Würfel schneiden. Den Schnittlauch waschen, trocken schütteln und in Röllchen schneiden.

4. Den Weißweinessig und das Salz verrühren, das Olivenöl hinzufügen und mit Salz und Pfeffer abschmecken. Dann die Schnittlauchröllchen unterrühren. Etwa 50 g Blauschimmelkäse mit der Gabel zerdrücken und ebenfalls unterrühren.

5. Den Salat und die Tomaten mit dem Dressing anmachen. Die restlichen Blauschimmelwürfel unterrühren. Das Rinderfilet in Streifen schneiden und über den Salat geben.

! Dazu schmeckt am besten ganz frisches Vollkornbrot.

Pro Portion: **1711 kJ / 408 kcal / 10 g Fett / 0,4 BE**

Wussten Sie schon, dass ...

Das erste Buch, das ausschließlich von Salaten handelt, stammt bereits aus dem 17. Jahrhundert: Der englische Gärtner John Evelyns schrieb „Acetaria" (1699). Ein einfaches Salatdressing wird dagegen schon in einem sizilianischen Kochbuch aus dem Jahr 1651 erwähnt. In Mode kam Salat allerdings erst vor 150 Jahren – was allerdings hauptsächlich an den hygienischen Verhältnissen lag. Die Franzosen erfanden die „Vinaigrette" (vinaigre = Essig). Darin werden Essig und Öl im Verhältnis 1 : 3 gemischt.

Zubereitung: 50 Min

kcal LC

Steak
mit Blumenkohlmousse

Zugegeben: Die Mousse aus Blumenkohl ist etwas aufwändig. Aber auf diese Art und Weise wird aus dem einfachen Gemüse eine raffinierte, leckere Beilage.

Zutaten für 4 Portionen

500 g Blumenkohl
500 ml Milch, fettarm
1 EL Zucker
1 Prise Muskatnuss
1 EL Butter
Salz, Pfeffer
4 Entrecôte-Steaks à 200 g
20 g Butterschmalz
4 Zweige Estragon

Salat

1 rote Paprikaschote
1 gelbe Paprikaschote
1 Salatgurke
150 g Mungobohnensprossen
1 Zwiebel
1 Knoblauchzehe
3 EL Öl
1 TL scharfer Senf
2 EL Weinessig
Salz, Pfeffer
1 Prise Zucker

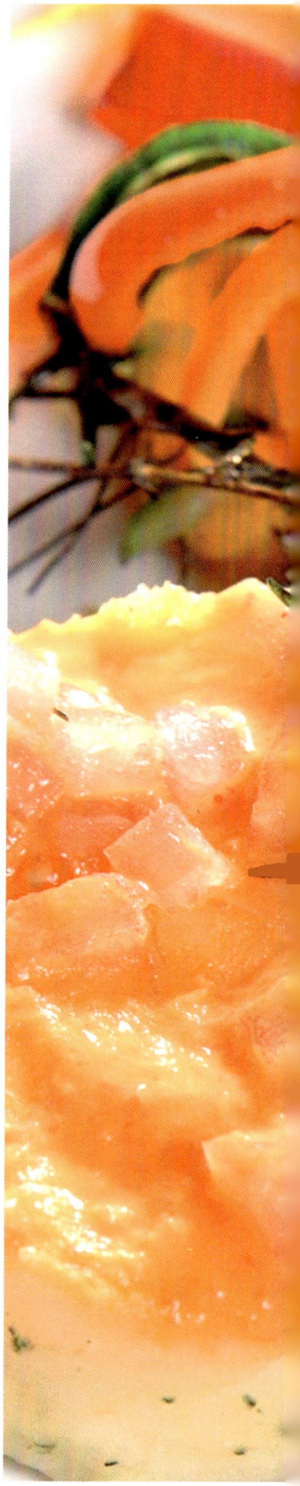

1. Den Blumenkohl mit Milch, Zucker und Muskat ca. 20 Minuten weich kochen. Dann den Blumenkohl herausnehmen und die Flüssigkeit einkochen lassen.

2. Den Blumenkohl pürieren und etwas von der eingekochten Milch zugeben. Die Butter unterarbeiten, mit Salz und Pfeffer abschmecken und kühl stellen.

Deko-Tipp: Blumenkohlmousse in Schälchen füllen und vor dem Servieren auf den Teller stürzen. In Butterschmalz ausgelassene Speckwürfel darüberstreuen.

3. Die Entrecôte-Steaks mit Küchenpapier trocken tupfen. Das Butterschmalz erhitzen, jedes Steak auf beiden Seiten kräftig anbraten und bei mittlerer Hitze in ca. 5 Minuten fertig braten. Die Estragonzweige mitbraten und zum Garnieren verwenden.

4. Für den Salat die Paprikaschoten waschen, halbieren, entkernen und in Streifen schneiden, die Gurke in Scheiben hobeln. Die Sprossen waschen und abtropfen lassen. Die Zwiebel schälen und in feine Ringe schneiden. Die Knoblauchzehe schälen und die Salatschüssel damit ausreiben. Das Öl mit Senf und Essig verrühren und mit Salz, Pfeffer und Zucker abschmecken. Die Salatzutaten mit der Marinade vermengen und durchziehen lassen.

Pro Portion: **2103 kJ / 501 kcal / 27 g Fett/ 1,0 BE**

Zubereitung: 25 Min
Marinierzeit: 60 Min

Schaschlikspieße
mit Paprika

Vor allem an lauen Sommerabenden bieten sich die Fleischspieße mit der knackigen Paprika an. Wer einen Holzkohlegrill hat, kann die Spieße dann auch über der Glut grillen.

Zutaten für 4 Portionen

500 g Schweinesteak
1 EL Maiskeimöl
Salz, Pfeffer
1/2 TL Paprikapulver
1 rote Paprikaschote
1 grüne Paprikaschote
1 Gemüsezwiebel
4 Tomaten
2 EL Weißweinessig
2 EL Olivenöl
bunter Pfeffer aus der Mühle

1. Schweinesteaks in große Würfel schneiden und in eine Schüssel geben. Maiskeimöl über das Fleisch träufeln und mit Pfeffer, Salz und Paprikapulver würzen. Das Fleisch etwa eine Stunde in dem gewürzten Öl marinieren lassen, dann auf Schaschlikspieße stecken.

2. Eine große beschichtete Pfanne ohne Fett erhitzen und die Schaschlikspieße darin kurz ringsum scharf anbraten. Die Temperatur reduzieren und das Schaschlik in 8-10 Minuten fertig braten. Dabei mehrmals wenden.

3. Die Paprika waschen, halbieren, entkernen und in Streifen schneiden. Die Zwiebel schälen und in Ringe, die Tomaten in Scheiben schneiden. Alles auf einer Platte anrichten.

4. Essig und Öl mit Salz und Pfeffer verrühren und über das Gemüse geben. Die Schaschlikspieße darauf anrichten und kräftig mit frisch gemahlenem Pfeffer würzen.

! Für Schaschlik immer Schweinenackensteak am Stück kaufen und selbst in Würfel schneiden. Das Fleisch wird dann zarter als bei fertigem Schweinegulasch, welches häufig aus Schnitzelbraten geschnitten wird und leicht zäh ist.

Pro Portion: **976 kJ / 232 kcal / 14 g Fett / 0,5 BE**

Diät-Tipp:

Die Paprika mit ihrem saftigen Fruchtfleisch ist eine sehr gute Zwischenmahlzeit zum Knabbern. Durch ihre Ballaststoffe ist sie schön sättigend, sie fördert die Verdauung und hat viele Vitamine, vor allem Vitamin C. Rote Paprika ist übrigens einfach reifer als grüne – und hat deswegen auch mehr Vitamine.

Marinierzeit: 1 Tag
Vorbereitung: 15 Min
Garzeit: 60 Min

Italienisches
Zitronenhähnchen

Durch das Marinieren wird das Hähnchenfleisch unvergleichlich zart. Und der frische Geschmack ist an den wärmeren Tagen perfekt.

1. Das Hähnchen innen und außen gründlich waschen und trocken tupfen. Den Salbei waschen, trocken schütteln und die Blätter vom Stiel zupfen. Einzelne Blätter unter die Haut an der Brust und dem Schenkel schieben.

2. Drei Zitronen auspressen. Das Hähnchen mit der Brust nach unten in einen Bräter legen und mit dem Saft übergießen. Eine Zitrone in dünne Scheiben schneiden, das Hähnchen mit den Scheiben bedecken und im Kühlschrank über Nacht marinieren lassen.

3. Zitronenscheiben entfernen, Hähnchen salzen und pfeffern, mit den Thymianzweigen belegen, die geschälten Zwiebeln im Ganzen dazu legen. In der Mitte des vorgeheizten Backofens bei 180 °C ca. 60 Minuten braten. Während der Garzeit immer wieder mit dem Weißwein begießen. Nach der Hälfte der Garzeit das Hähnchen wenden.

4. Den Bratenfond auffangen und in eine Sauciere umfüllen. Die übrige Zitrone in Spalten schneiden. Das Hähnchen mit dem Fond und den Zitronenspalten servieren.

Zutaten für 4 Portionen

1 Hähnchen (ca. 1 kg)
5 unbehandelte Zitronen
1 Zweig frischer Salbei
Salz, Pfeffer
4 Thymianzweige
2 Zwiebeln
125 ml Weißwein

Pro Portion: **1533 kJ / 365 kcal / 20 g Fett / 0,5 BE**

„Weihnachten wollen Sie mal etwas anderes ausprobieren? Es muss ja nicht immer die Gans sein. Dieses Huhn wird der ganzen Familie schmecken. Im Winter gewürzt mit Rosmarin oder Salbei. Im Sommer gerne mit Kräutern der Provence oder von der heimischen Wiese. Einfach das Kräuterbuch geschnappt und einen Ausflug in die Natur machen. Viel Spaß dabei!"

Zubereitung: 45 Min

Pute
auf italienische Art

Das Wunderbare an diesem Rezept: Wenn noch etwas übrig bleibt, können Sie es am nächsten Tag als Puten-Reis-Salat essen: Es schmeckt auch kalt hervorragend.

Zutaten für 4 Portionen

300 g Langkornreis
1 EL Olivenöl
600 g Putengeschnetzeltes
1 Zwiebel
1 Knoblauchzehe
200 ml Weißwein
200 g Tomaten,
1 gelbe Paprika
2 EL saure Sahne
1 TL frischer Rosmarin
1EL Schnittlauch
Salz, Pfeffer

1. Den Reis nach Packungsanweisung in leicht gesalzenem Wasser kochen.

2. Das Putengeschnetzelte im heißen Olivenöl leicht anbraten. Die Zwiebel und den Knoblauch schälen und klein hacken, dazugeben und mitdünsten. Dann mit dem Weißwein ablöschen.

3. Die Paprika waschen, halbieren, entkernen und in kleine Würfel schneiden. Die Tomaten mit kochendem Wasser übergießen, häuten und entkernen, das Fruchtfleisch würfeln. Paprika und Tomaten dazugeben und alles ca. 5 Minuten köcheln lassen, sodass die Flüssigkeit etwas einkocht.

4. Den Reis unterheben, mit den Kräutern und der sauren Sahne abschmecken. Bei Bedarf noch einmal salzen und pfeffern.

Pro Portion: **2140 kJ / 509 kcal / 19 g Fett / 1,5 BE**

Diät-Tipp:

Führen Sie ein Ernährungstagebuch und schreiben Sie über vier Wochen genau alles auf, was sie essen. Dadurch werden schlechte Gewohnheiten und Ernährungsfehler bewusst gemacht und man kann beginnen, an einer Änderung des Verhaltens zu arbeiten.
Toller Nebeneffekt: Spät abends traut man sich nichts mehr zu essen, wenn die Tagesliste schon zu lang ist.

Zubereitung: 50 Min
Marinierzeit: 30 Min

Hähnchenbrust

mit Reiskugel

Für dieses Rezept eignet sich auch jedes andere helle Fleisch wie Kalb, Schwein oder Kaninchen. Wichtig sind die frischen Kräuter und der Pfeffer.

Zutaten für 4 Portionen

300 g Langkornreis, mit Wildreis gemischt
40 g Frühlingszwiebeln
1 Knoblauchzehe
1 Chilischote
1 TL eingelegter grüner Pfeffer
ein paar Zweige Petersilie und Minze
4 EL helle Sojasauce
3 EL Sonnenblumenöl
4 Hähnchenbrustfilets à ca. 125 g (ohne Haut)
Salz, Pfeffer
2 EL Olivenöl
250 g gemischter Blattsalat
4 EL Salsa balsamica

1. Den Reis nach Packungsanweisung in gesalzenem Wasser gar kochen.

2. Die Frühlingszwiebeln putzen und in Ringe schneiden, den Knoblauch schälen und zerdrücken. Die Chilischote halbieren, die Kerne entfernen und fein würfeln. Die Pfefferkörner fein hacken. Petersilie und Minze waschen, trocken schütteln und klein hacken. Alles mit Sojasauce, Sonnenblumenöl und Salz zu einer Marinade verrühren. Die Hähnchenfilets waschen, trocken tupfen und für ca. 30 Minuten marinieren.

3. Das Olivenöl in einer Pfanne heiß werden lassen. Filets aus der Marinade nehmen und gut abtropfen lassen. In der Pfanne kurz von allen Seiten anbraten. Dann bei 200 °C in den vorgeheizten Ofen geben und 10-12 Minuten schmoren lassen. Dabei immer wieder mit der Marinade begießen.

4. Den fertig gekochten Reis in eine Tasse umfüllen und auf die Teller stürzen. Den Blattsalat waschen, trocken schleudern, grob zerkleinern und auf den Tellern verteilen. Die Hähnchenfilets darauf anrichten. Mit Salz und Pfeffer würzen und mit Salsa balsamica anrichten.

Pro Portion: **1985 kJ / 474 kcal / 18 g Fett / 5,1 BE**

Diät-Tipp:

Eiweißreiche Ernährung erleichtert das Abnehmen, denn Eiweiße sättigen nachhaltiger als Kohlenhydrate, und der Körper benötigt zusätzliche Energie, um das Nahrungseiweiß in körpereigenes Eiweiß umzuwandeln.

Zubereitung: 45 Min

Huhn
auf Safranreis

Durch den Safran wird der Reis nicht nur herrlich gelb, sondern erhält auch einen ganz eigenen Geschmack. Wer es einfacher möchte, kann ihn durch Curry ersetzen.

Zutaten für 4 Portionen

250 g Erbsen, tiefgefroren
100 g Zuckerschoten
10 g Butter
2 Schalotten
250 g Langkornreis
150 ml Weißwein
1 Lorbeerblatt
1 Prise Safran
1 Prise Safranfäden
500 ml Hühnerfond
30 g geriebener Parmesan
400 g Hähnchenbrustfilets
3 EL Sojasauce
2 EL Öl
Salz, Pfeffer

1. Die Erbsen und die Zuckerschoten in kochendem Salzwasser blanchieren, dann in Eiswasser abschrecken. Die Schalotten putzen und fein würfeln. In der Butter kurz andünsten, den Reis hinzufügen und glasig anschwitzen. Anschließend mit Weißwein ablöschen und Lorbeerblatt, Safran und eingeweichte Safranfäden (siehe unten) hinzufügen.

2. Den Hühnerfond erhitzen, nach und nach zu dem Reis geben, dabei immer wieder umrühren, damit der Reis nicht anbrennt. Wenn er weich und leicht sämig ist, Erbsen, Zuckerschoten und Parmesan unterrühren. Den Reis noch etwa 5 Minuten ziehen lassen.

3. Die Hähnchenbrustfilets in Streifen schneiden, mit der Soja-Sauce beträufeln und kurz marinieren. In einer Pfanne das Öl erhitzen, das Fleisch in dem heißen Öl anbraten und mit Salz und Pfeffer würzen.
Die Filetstreifen auf dem Safranreis anrichten und servieren.

Pro Portion: **2076 kJ / 494 kcal / 21 g Fett / 1,0 BE**

Safran

... wird aus den Stempelfäden einer Krokusart gewonnen. Für 1 g Safran braucht man 80 bis 150 Blüten, die von Hand geerntet werden müssen, was ihn zum teuersten Gewürz der Welt macht.
Er schmeckt bitter-scharf und enthält Carotinoide, welche die Speisen gelb färben. Das Safranpulver kann direkt an die Speisen gegeben werden, die Safranfäden dagegen sollten mindestens 20 Minuten in einer heißen, wässrigen Flüssigkeit ziehen. Safran darf nicht im Übermaß verwendet werden, denn bei größeren Mengen ist er gesundheitsschädlich.

Zubereitung: 50 Min

Huhn
mit Wildreis und Tomaten

Zutaten für 4 Portionen

300 g Wildreis
4 Hühnerbrustfilets à 150 g
3 EL Olivenöl
250 g Tomaten
2 EL weißer Balsamico-Essig
1 TL getrocknetes Basilikum
1 Knoblauchzehe
Salz, Pfeffer
1/2 Bund glatte Petersilie
Rosenpaprika

1. Den Reis in kochendes, gesalzenes Wasser einrühren. Fünf Minuten sprudelnd kochen lassen, dann zugedeckt bei kleiner Hitze in ca. vierzig Minuten weich kochen.

2. Die Hühnerbrustfilets kalt abwaschen, trockentupfen und in Würfel schneiden. Mit Salz und Pfeffer würzen. 1 EL Öl in einer großen Pfanne erhitzen und die Hühnerbrustwürfel darin von allen Seiten anbraten, herausnehmen und beiseite stellen.

3. Die Tomaten waschen und in Würfel schneiden, die Stielansätze dabei entfernen. Den Knoblauch schälen und pressen. Die Petersilie waschen, trocken schütteln, die Blätter abzupfen und klein schneiden. Öl, Essig, Basilikum, Knoblauch, Petersilie, Salz und Pfeffer vermischen.

4. Den Wildreis auf einen Teller häufen, die Hühnchenbrust darauf verteilen und mit Rosenpaprika würzen. Um den Reis einen Kranz aus Tomaten anrichten und mit der Salatsauce übergießen.

Pro Portion: **2121 kJ / 505 kcal / 24 g Fett / 4,8 BE**

Marinierzeit: 60 Min
Zubereitung: 45 Min

Hähnchen-Fajitas
mit Tomatensalsa

1. Die Hähnchenbrustfilets in Streifen schneiden. Zwei Knoblauchzehen schälen und zerdrücken, mit Koriander, Limettensaft, Chilipulver und 1 EL Öl vermischen. Das Fleisch darin mindestens eine Stunde, am besten aber über Nacht, marinieren.

2. Die Paprika waschen, halbieren und entkernen, die Zwiebel schälen. Beides in Streifen schneiden und im Olivenöl anbraten. Herausnehmen und warm stellen. Dann die marinierten Hähnchenstreifen anbraten. Das Gemüse wieder zugeben und mit Salz und Pfeffer und einer Prise Zucker abschmecken.

Tomaten-Salsa: Die Tomaten mit kochendem Wasser überbrühen und häuten. Stielansätze und Kerne entfernen, das Fruchtfleisch grob hacken. Zwiebel und Knoblauch schälen und klein würfeln. Die Paprikaschote häuten (bei 250 °C im Backofen garen, bis die Haut schwarz ist, unter einem feuchten Tuch kurz abkühlen lassen, dann die Haut abziehen). Stiel und Kerne entfernen, das Fruchtfleisch in kleine Würfel schneiden. Die Chilischoten entkernen und klein hacken. Alles aufkochen und unter Rühren eindicken lassen. Die Salsa mit Zucker, Salz und Pfeffer abschmecken.

Zutaten für 4 Portionen

1 kg Hähnchenbrustfilet
3 Knoblauchzehen
1 TL Korianderkörner
Saft einer halben Limette
1 TL Chilipulver
2 EL Olivenöl
1 grüne Paprikaschote
1 rote Paprikaschote
1 große Zwiebel
Salz, Pfeffer, Zucker

Tomaten-Salsa
500 g reifeTomaten
1 Zwiebel
2 Knoblauchzehen
1 rote Paprikaschote
2 Chilischoten
2 EL Tomatenmark
50 ml Gemüsebrühe
Zucker, Salz, Pfeffer

Pro Portion: **1460 kJ / 348 kcal / 30 g Fett / 0,5 BE**

Zubereitung: 45 Min

kcal Fett LC

Tandoori-Chicken

mit Joghurtmarinade

Ursprünglich war mit Tandoori ein ganz bestimmter Ofen im Osten Indiens gemeint. Heute verbirgt sich dahinter meist eine Joghurtmarinade, die den Hähnchenteilen einen unverwechselbaren Geschmack verleiht.

Zutaten für 4 Portionen

1 Brathähnchen (ca. 1,2 kg)
3 EL Essig
Salz
1 Knoblauchzehe
1 TL Ingwer, frisch gerieben
1 TL Chilipulver
1 TL Paprikapulver
1/2 TL Kreuzkümmel
1/2 TL Koriander
1/2 TL Pfeffer, schwarz
1/2 TL Kurkuma
1/2 TL Muskat
250 g Rahmjoghurt

1. Das Hähnchen mit der Geflügelschere in acht Teile zerteilen. Die Hähnchenteile enthäuten, mit dem Messer in Streifen 1/2 cm tief einschneiden, salzen und mit Essig einreiben.

2. Den Knoblauch und den Ingwer schälen und fein hacken. Zusammen mit den Gewürzen in den Joghurt geben und gut verrühren. Die Hähnchenteile damit über Nacht im Kühlschrank marinieren.

3. Ein Backblech mit Alufolie überziehen. Die Hähnchenteile aus der Marinade nehmen, die Joghurt-Würzmischung auf dem Backblech verteilen.

4. Den Ofen auf 250 °C vorheizen. Die Hähnchenteile unter den Grill legen. Immer wieder mit dem Pinsel die Würzpaste aufpinseln, sodass sich eine Schicht um das Fleisch bildet. Nach etwas 30 Minuten ist das Fleisch gar und die Joghurt-Würzpaste aufgebraucht.

5. Das Tandoori-Chicken schmeckt am besten mit Nan (indisches Weißbrot) – oder ersatzweise auch mit frischem Baguette.

Pro Portion: **1538 kJ / 366 kcal / 41 g Fett / 0,2 BE**

Diät-Tipp:

Setzen Sie sich während einer Diät erreichbare Ziele! Nehmen Sie sich ein halbes Kilo pro Woche vor, das ist realistisch. Wenn nämlich zu hochgesteckte Ziele nicht erreicht werden, ist der Frust vorprogrammiert – und damit auch der bekannte Jo-Jo-Effekt.

Zubereitung: 50 Min

Gebratene Hähnchenfilets
mit buntem Gemüse

Zur typischen Küche Asiens gehört ein Wok. Wenn Sie so etwas nicht besitzen, können Sie aber genauso eine möglichst breite Pfanne mit hohem Rand verwenden.

Zutaten für 4 Portionen

500 g Hähnchenbrustfilet
2 EL Pflanzenöl
Salz, Pfeffer
1 rote Paprikaschote
1 grüne Paprikaschote
3 dünne Stangen Lauch
100 g Zuckerschoten
6 kleine Maiskölbchen (Dose)
2 rote Chilischoten
2 x 4 cm Ingwerwurzel
2 TL Speisestärke
125 ml Hühnerbrühe
2 EL Sojasauce
2 EL Reisessig
4 EL passierte Tomaten (Dose)
2 EL brauner Zucker
1/2 TL Kreuzkümmel
1/2 TL Korianderpulver
3 EL Sesamöl

1. Das Fleisch waschen, trocken tupfen und würfeln. Salzen und pfeffern. Das Öl im Wok erhitzen und das Fleisch unter Rühren kräftig anbraten. Herausnehmen und warm halten.

2. Die Paprikaschoten und den Lauch putzen, waschen und in feine Streifen schneiden. Die Zuckerschoten halbieren und 3 Minuten in Salzwasser blanchieren, abschrecken und abtropfen lassen. Die Maiskölbchen in einem Sieb abtropfen lassen und längs halbieren.

3. Die Chilischoten aufschneiden, entkernen, waschen und in feine Würfel schneiden. Den Ingwer schälen und fein hacken.

4. Die Stärke in die Hühnerbrühe einrühren. Sojasauce, Essig, passierte Tomaten, Zucker, Chili, Kreuzkümmel und Koriander dazugeben und alles gut verrühren.

5. Das Sesamöl im Wok erhitzen und die Paprikaschoten unter Rühren ca. 4 Minuten anbraten. Den Lauch, die Zuckerschoten und die Maiskölbchen zugeben und alles etwa 2 Minuten weiterbraten lassen. Das Fleisch zugeben und die Sauce darübergießen. Weitere 5 Minuten köcheln lassen, bis das Gemüse gar, aber noch bissfest ist.

! Mit asiatischem Duftreis servieren.

Pro Portion: **1269 kJ / 303 kcal / 20 g Fett / 1,4 BE**

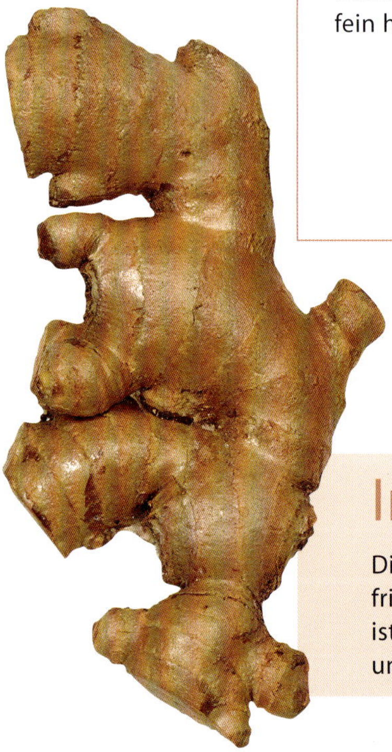

Ingwer:

Diese Wurzel ist (zusammen mit dem ähnlichen Galgant) geschält und frisch gerieben ein wichtiges Gewürz der asiatischen Küche. Je nach Sorte ist sie pikant-fruchtig oder scharf. Sie ergänzt sich perfekt mit Knoblauch und verhindert seinen unangenehmen Geruch.

Zubereitung: 45 Min

Hähnchen-Curry

mit frischen Tomaten und Cashewkernen

Asiatische Currys sind eine Einladung an die Phantasie: Sie können fast unendlich viele Variationen erfinden ...

Zutaten für 4 Portionen

- 400 g Hähnchenbrustfilet
- 2 Knoblauchzehen
- 10 g frischer Ingwer
- 80 g Cashewkerne
- 300 g Basmatireis
- 2 EL Sesamöl
- 1 EL Tomatenmark
- 2 TL rote Currypaste
- 200 ml Gemüsebrühe
- 500 g Tomaten
- Salz, Pfeffer
- 1 Zitrone
- 1 Bund Koriandergrün

1. Die Hähnchenbrustfilets waschen, trockentupfen, evtl. die Haut entfernen und mit einem scharfen Messer in Streifen schneiden. Die Knoblauchzehen und den Ingwer schälen und fein hacken.

2. Die Cashewkerne in einer Pfanne ohne Fett hellbraun rösten. Abkühlen lassen und beiseitestellen.

3. Den Basmatireis nach Packungsanweisung garen.

4. Das Sesamöl im Wok erhitzen. Hähnchenfleisch, Knoblauch und Ingwer etwa 4 Minuten anbraten. Das Tomatenmark zugeben und kurz mitbraten. Mit der Gemüsebrühe ablöschen, die Currypaste zugeben und 5 Minuten weiterköcheln lassen.

5. Die Tomaten waschen und in Würfel schneiden. Zu dem Curry geben. Die Zitrone auspressen und das Curry mit dem Saft abschmecken. Salzen und pfeffern.

6. Das Koriandergrün waschen, trocken schütteln, die Blättchen abzupfen und grob hacken. Zusammen mit den Cashewkernen unter das Curry heben und mit dem Basmatireis servieren.

! Wenn Sie es etwas weniger exotisch mögen, können Sie auch glatte Petersilie für das Curry anstelle des Korianders verwenden.

Pro Portion: **1980 kJ / 473 kcal /15 g Fett / 5,7 BE**

Diät-Tipp:

Vielleicht verhilft Ihnen ja ein Online-Coach zur Traumfigur? „Stiftung Warentest“ beurteilte www.xx-well.com als „uneingeschränkt empfehlenswert“: Hier kann man sich per Abo (kostenpflichtig) beraten lassen.

Zubereitung: 30 Min

Gebratenes Huhn
mit Gemüse

Zutaten für 4 Portionen

750 g Hühnerbrust
1 TL Speisestärke
10 g Butterschmalz
Salz, Pfeffer
1 EL Öl
2 Zwiebeln
1 grüne Paprikaschote
1 rote Paprikaschote
2 Knoblauchzehen
Paprikagewürz
125 ml Weißwein
125 ml Brühe
Basilikumblätter

1. Die Hühnerbrust waschen, trocken tupfen und würfeln. In Speisestärke wälzen, damit das Fleisch saftig bleibt.

2. Die Fleischwürfel im heißen Schmalz anbraten. Mit Salz und Pfeffer würzen.

3. Die Zwiebeln schälen und sehr fein hacken, die Paprikaschoten putzen und in Streifen schneiden. Beides zum Fleisch geben. Den Knoblauch schälen, pressen und hinzufügen.

4. Wenn alles angebraten ist, mit Paprikagewürz bestäuben und mit dem Wein ablöschen.

5. Schließlich die Brühe unterrühren und die Sauce etwas reduzieren lassen. Mit den Basilikumblättern garnieren.

! Dazu passt Vollkornreis.

Pro Portion: **1365 kJ / 325 kcal / 24 g Fett / 1,3 BE**

Vorbereitung:	30 Min
Marinierzeit:	30 Min
Garzeit:	30 Min

Hähnchenbrustfilet

mit Bohnen-Mais-Salat

1. Die Hähnchenbrustfilets abspülen, trocken tupfen und in eine Auflaufform legen. Den Rosmarin waschen, die Nadeln abzupfen und fein hacken. Mit Salz, Pfeffer, Senf und Öl verrühren, die Filets damit bestreichen und zugedeckt für mindestens 30 Minuten marinieren.

2. Dann im vorgeheizten Backofen bei 150 °C 20-30 Minuten auf der mittleren Schiene garen.

3. Die Bohnen waschen, putzen, in leicht gesalzenem Wasser 10 Minuten kochen, dann abgießen und abtropfen lassen. Den Mais in einem Sieb abtropfen lassen. Die Zwiebel schälen und sehr fein hacken. Das Bohnenkraut waschen, trockenschütteln und die Blättchen vom Stiel zupfen.

4. Weißweinessig, Brühe und Senf vermischen. Mit Salz, Pfeffer und Zucker würzen. Das Öl zugeben und so lange mit einem Schneebesen schlagen, bis die Sauce cremig wird. Die Salatsauce über die noch warmen Bohnen gießen und die restlichen Zutaten unterheben.

5. Den Salat abgedeckt kalt stellen und für mindestens eine Stunde durchziehen lassen.

6. Die Blattsalate zerkleinern und auf den Tellern verteilen. Die Hähnchenbrustfilets und den Bohnen-Mais-Salat auf dem grünen Salat anrichten.

Pro Portion: **1408 kJ / 336 kcal / 25 g Fett / 1,1 BE**

Zutaten für 4 Portionen

4 Hähnchenbrustfilets
1 frischer Rosmarinzweig
Salz, weißer Pfeffer
1 EL scharfer Senf
1 EL Keimöl

Grüner Bohnen-Mais-Salat
300 g grüne Bohnen
1 kleine Dose Mais
1 kleine Zwiebel
1 Zweig Bohnenkraut
2 EL Weißweinessig
50 ml Gemüsebrühe
1/2 TL Senf
Zucker
3 EL Olivenöl
300 g gemischte Blattsalate

Zubereitung: 45 Min
Marinierzeit: 1 Tag

Hühnerbrüste
mit Kräutern und Chili

Joghurt ist vielseitiger einsetzbar als viele glauben: Er eignet sich für Marinaden ebenso wie für leichte Salatsaucen oder als kühle Sauce bei scharfen Speisen. Hier macht er das Huhn extra-zart!

Zutaten für 4 Portionen

1 Zwiebel
2 Knoblauchzehen
1/2 Bund Petersilie
1 Becher fettarmer Joghurt
1 TL Rosenpaprika
1 TL Salz
1 Tl getrocknete, gehackte Chilis
4 Hühnerbrüste
2 EL Olivenöl
350 g Reis
800 ml Gemüsebrühe
1 TL Rosenpaprika
200 g Cocktail-Tomaten
500 g Broccoli

1. Die Zwiebel und den Knoblauch schälen und fein hacken, die Petersile waschen, trocken schütteln und klein schneiden. Den Joghurt mit Paprika, Salz, Chili, Zwiebel, Knoblauch und Petersilie zu einer Marinade verrühren. Die Hühnerbrüste waschen und in der Marinade so einlegen, dass sie vollständig bedeckt sind. Über Nacht zugedeckt in den Kühlschrank stellen.

2. Den Reis in die kochende Gemüsebrühe geben, Paprika dazugeben und für ca. 20 Minuten zugedeckt quellen lassen.

3. Die Hühnerbrüste im heißem Öl beidseitig je 3 Min. scharf anbraten. Hitze reduzieren und die restliche Marinade sowie die Cocktail-Tomaten zugeben. Zugedeckt 5 bis 6 Minuten köcheln lassen.

4. Den Broccoli in kleine Röschen zerteilen, in kochendem Salzwasser blanchieren und zu den Hühnerbrüsten servieren.

Pro Portion: **2126 kJ / 506 kcal / 18 g Fett / 0,8 BE**

Vitamine!

Beeindruckend ist die Tatsache, dass das Fruchtfleisch einer Chilischote mit etwa 110 bis 160 mg auf 100 g die doppelte Menge Vitamin C enthält wie eine Zitrone!

Zubereitung: 50 Min

Rinderfilet
mit Spargel und Frühkartoffeln

Kaum ein Gericht schmeckt so nach Frühling wie Spargel und neue Kartoffeln: Genießen Sie die kurze Zeit, in der Sie diese Delikatesse in jedem Supermarkt erhalten!

Zutaten für 4 Portionen

2 EL Butterschmalz
4 Filetsteaks vom Rind (à 150 g)
1 EL Tomatenmark
4 cl Weinbrand
1 EL grüne Pfefferkörner aus dem Glas
200 ml Sahne
Salz, Pfeffer
800 g Kartoffeln
10 g Butter
1 EL getrocknete Petersilie
500 g grüner Spargel

1. Die Steaks waschen und trocken tupfen. Im heißen Butterschmalz von beiden Seiten, bis zur gewünschten Garstufe ca. 5 Minuten, anbraten. In Alufolie beiseite stellen und warm halten.

2. Das Tomatenmark in der Steakpfanne anbraten, dann mit dem Weinbrand ablöschen. Die Sahne und die Pfefferkörner hinzugeben und etwas köcheln lassen. Mit Salz und Pfeffer abschmecken und in eine Sauciere umfüllen.

3. Die Kartoffeln in Salzwasser kochen, bis sie gar sind. Dann abgießen und pellen. Die Butter zerlassen und die Petersilie hineinrühren. Die Kartoffeln mit der Petersilienbutter beträufeln.

4. Den Spargel waschen, die Enden abschneiden und das untere Drittel schälen. In Salzwasser ca. 10 Minuten bissfest kochen, dann abgießen.

5. Die Steaks aus der Alufolie nehmen und mit dem grünen Spargel und den Frühkartoffeln servieren.

Pro Portion: **2602 kJ / 622 kcal / 31 g Fett / 2,7 BE**

Frühkartoffeln

(neue Kartoffeln) werden im März gesetzt, und schon Ende Mai können sie geerntet werden. Wesentlich früher kommt die Ware aus dem Süden auf den Markt. Frühkartoffeln haben eine hauchdünne Schale, die auch einfach abgebürstet und verzehrt werden kann.

Zubereitung: 45 Min

Putenstreifen
auf Feldsalat

Der Restaurantklassiker für alle Kalorienbewussten. In unserer exotischen Variante schmeckt er garantiert anders – und macht neuen Spaß auf schlanken Genuss.

Zutaten für 4 Portionen

400 g Hähnchenbrustfilet
Salz, Pfeffer
4 EL Sesamöl
50 g breite chinesische Nudeln
100 g Cashewkerne
500 g Feldsalat
2 Mandarinen
Saft einer Orange
1 TL Honig
1 EL Haselnussöl
1 EL schwarze Sesamsamen
50 g getrocknete Cranberries

1. Die Hähnchenbrustfilets waschen, trocken tupfen und in ca. 1 cm breite Streifen schneiden. Mit Salz und Pfeffer würzen. 2 EL Sesamöl in einer Pfanne erhitzen, das Fleisch darin unter Rühren goldbraun anbraten, herausnehmen und beiseitestellen.

2. Die Nudeln in 5 cm lange Stücke zerbrechen und nach Packungsanweisung kochen. Abgießen und in der Pfanne mit 1 EL Sesamöl anrösten. Herausnehmen und beiseite stellen.

3. Die Cashewkerne in einer Pfanne ohne Öl anrösten, bis sie duften. Dann herausnehmen und abkühlen lassen.

4. Den Feldsalat putzen, waschen und abtropfen lassen. Die Mandarinen schälen, filetieren und unter den Feldsalat heben, auf Tellern anrichten.

5. Den Orangensaft mit Honig, Sesamöl und Haselnussöl vermengen, den Sesam dazurühren. Als Dressing über den Salat geben.

6. Die Hähnchenbruststreifen, die gebratenen Nudeln, die Cashewkerne und die Cranberries auf dem Salat anrichten und servieren.

Pro Portion: **2012 kJ / 480 kcal / 32 g Fett / 2,7 BE**

Diät-Tipp:

Viel Tee trinken, zum Beispiel grünen Hafertee! Er regt den gesamten Stoffwechsel an und entwässert das Gewebe.

Fisch & Meeresfrüchte

Gesund, kalorienarm und im Handumdrehen zubereitet: Fisch und Meeresfrüchte eignen sich perfekt für eine schnelle, leichte Küche.

Für Fisch und Meeresfrüchte gilt: Sie müssen frisch sein! Das ist allerdings selbst für Laien und Kochanfänger leicht festzustellen. Bei ganzen Fischen sollen die Augen klar sein, die Haut soll glänzen und nicht trocken sein, die Kiemen sind lechtend hell- oder dunkelrot. Am wichtigsten: Fisch riecht nicht nach Fisch!! Wenn er es doch tut, dann lassen Sie die Finger davon.

Am sichersten können Sie sich sein, wenn Sie Tiefkühlware kaufen. Dieser Fisch wird noch auf hoher See eingefroren, so frisch kann „Frischware" nie sein – auch Sterneköche greifen fast immer auf tiefgefrorene Ware zurück. Wenn Sie doch frische Ware kaufen, verlangen Sie nach „Sushi-Qualität", dann wird der Fischhändler Ihnen sicher gute Qualität anbieten.

Zubereitung: 45 Min

Seezunge
mit Kapern

Einfacher geht es fast nicht. Aber: Kapern nur ganz kurz erhitzen, sonst verlieren sie ihr spezielles Aroma. Die Blütenknospen sollten auch nicht mit anderen Gewürzen gemischt werden, dafür ist der pikante Geschmack zu einzigartig.

Zutaten für 4 Portionen

4 Seezungen
Saft einer Limette
Salz, Pfeffer
1 TL Rosenpaprika
4 EL Öl
40 g Butter
1 kleines Glas Kapern

1. Die Seezungen bratfertig vorbereiten, waschen, trocken tupfen, mit etwas Limettensaft beträufeln und mit Salz Pfeffer und Paprika würzen. Den Backofen auf 160° C vorheizen.

2. In einer großen Pfanne das Öl erhitzen, die Seezungen darin beidseitig in etwa 2 Minuten hellbraun braten, dann auf ein mit Backpapier belegtes Backblech legen. Den Bratensatz, der sich in der Pfanne gebildet hat, mit etwas Limettensaft lösen und die Seezugen damit beträufeln. In den Ofen auf die mittlere Schiene schieben und etwa 10 Minuten im Ofen garen.

3. Die Kapern abtropfen lassen. Butter in einer Pfanne zergehen lassen, die Kapern darin schwenken und leicht salzen. Die Seezungen auf vorgewärmten Tellern anrichten und mit den Kapern garnieren. Dazu schmecken Salzkartoffeln oder Weißbrot.

Pro Portion: **1014 kJ / 241 kcal / 19 g Fett / 0,1 BE**

Diät-Tipp:

Steht der Zeiger auf der Waage still? Bei Diät-Pausen hilft Kapha-Tee. Diese ayurvedische Kräutermischung bringt „Agni“, das Feuer, wieder in Schwung und sorgt für mehr Energie. Am besten vormittags bis zehn Uhr eine halbe Kanne davon trinken.

Zubereitung: 25 Min
Marinierzeit: 30 Min

Fischspieße
vom Grill

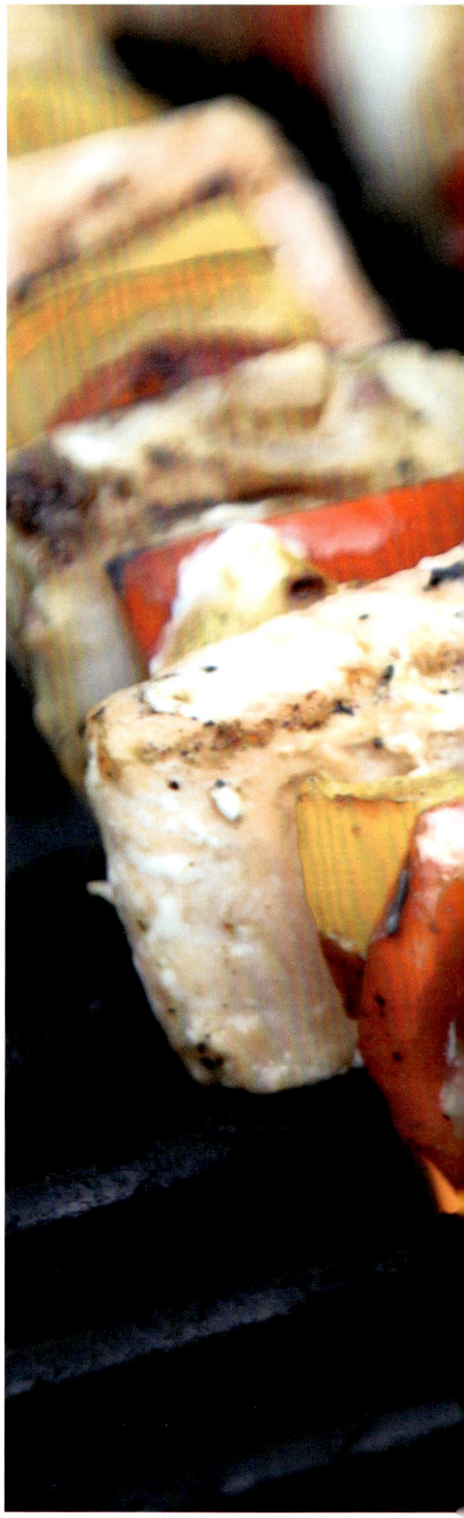

Auf dem sommerlichen Grill kann sehr viel mehr als nur ein Steak gegrillt werden: Auch Fisch und Gemüse eignet sich für diese fettarme Zubereitungsart. Paprikas vom Grill schmecken besonders gut!

Zutaten für 4 Portionen

300 g Lachs
300 g Heilbutt
4 EL Olivenöl
Kräuter der Provence
Salz, schwarzer Pfeffer
Saft einer halben Zitrone
1 rote Paprikaschote
1 gelbe Paprikaschote
4 EL Brat-Öl

8 Holzspieße

1. Den Fisch kalt abbrausen, trocken tupfen und würfeln (Sie können auch jeden anderen festfleischigen Fisch wählen). Das Öl in eine Schüssel geben und Kräuter der Provence, Salz, Pfeffer und den Zitronensaft dazugeben. In dieser Marinade den Fisch für eine gute halbe Stunde einlegen.

2. Die Paprikaschoten waschen, halbieren, dabei Stiel und Kerne entfernen. In mundgerechte Stücke schneiden.

3. Auf die Holzspieße abwechselnd Fisch und Paprika aufstecken, etwas mit Öl bepinseln, mit Salz und Pfeffer würzen.

4. Auf einem Grill oder in einer Grillpfanne unter Wenden ca. 10 Minuten grillen.

Pro Portion: **1236 kJ / 294 kcal / 16 g Fett / 0,3 BE**

Vorbereitung: 25 Min
Marinierzeit: 10 Min
Garzeit: 5 Min

kcal LC

Gegrillte Garnelen
mit Chili

Meeresfrüchte feurig und pikant

1. Die rohen Garnelen abspülen und trocken tupfen, anschließend mit Zitronensaft beträufeln und 10 Minuten marinieren.

2. Die Knoblauchzehen schälen und fein zerdrücken. Die Butter in einem kleinen Topf zerlassen und den Knoblauch darin glasig werden lassen. Die frische Chilischote in feine Streifen schneiden und zugeben.

! Vorsicht: Hände danach gut abwaschen!

3. Die Kräuter waschen, trockenschütteln und fein hacken. Mit dem Cayennepfeffer in die Pfanne geben.

4. Die Garnelen abtropfen lassen, mit Öl bestreichen und in eine Aluschale legen. Die Garnelen etwa 5 Minuten von beiden Seiten grillen.

5. Den abgetropften Zitronensaft mit der flüssigen Kräuterbutter verrühren und zu den Garnelen servieren. Die Basilikumblättchen abzupfen und die Garnelen damit garnieren.

Zutaten für 4 Portionen

250 rohe Garnelen
(Frische Tiefseegarnelen)
2 EL Zitronensaft
2 Knoblauchzehen
50 g Butter
1 rote frische Chilischote
Salz, weißer Pfeffer
1 Zweig frischer Thymian
1 Zweig Basilikum
1 Zweig Oregano
(oder je 1/2 TL getrocknet)
1 Msp. Cayennepfeffer
3 EL Olivenöl zum Bestreichen
1 Zweig Basilikum

Pro Portion: **1359 kJ / 324 kcal / 28 g Fett / 0,2 BE**

Diät-Tipp:

Schwemmen Sie Ihre Pölsterchen einfach weg und trinken Sie täglich 2-3 Liter magnesiumhaltiges Mineralwasser. Magnesium ist ein „Fettsauger", denn es reguliert die Sauerstoffversorgung bei der Fettverbrennung.

"Lagerfeuer, ein paar Freunde, ein kühler Wein und dazu dieses Gericht. Der Abend wird fantastisch – das kann ich Ihnen garantieren. Eine große Schale mit Wasser und Zitronen, ein leckerer Salat, Avocado-Dip zum Neutralisieren der Schärfe – mehr brauchen Sie nicht zum Glücklichsein."

Zubereitung: 30 Min

Fischspieße
mit Dillsauce

In Skandinavien und im Baltikum zählt Dill zu den beliebtesten Gewürzen. Bei uns kommt das Kraut fast nur in der Fischküche zum Einsatz. Fast schade, denn das Gewürz schmeckt nicht nur, sondern beruhigt auch den Magen.

Zutaten für 4 Portionen

800 g festes Fischfleisch (Filet)
1 EL Edelsüßpaprika
1 Zwiebel
2 rote Paprikaschoten
3 EL Butterschmalz
250 ml Gemüsebrühe
Salz, Pfeffer
200 ml saure Sahne
1 EL scharfer Senf
1/2 Bund Dill

8 Holzspieße

1. Das küchenfertig vorbereitete Fischfleisch abspülen, trocken tupfen und in Würfel schneiden. Die Fischwürfel auf Holzspieße stecken, mit ca. 1 TL Paprikapulver bestreuen. Die Zwiebel schälen und fein hacken, die Paprikaschoten waschen, putzen und in mundgerechte Stücke schneiden.

2. Das Schmalz in einer Pfanne erhitzen, die Zwiebeln darin glasig andünsten und mit dem restlichen Paprikapulver kurz verrühren. Die Paprika beigeben. Das Gemüse kurz andünsten und mit Brühe ablöschen.

3. Die Fischspieße darauflegen, mit Salz und Pfeffer würzen und zugedeckt bei mittlerer Hitze 8-10 Minuten garen.

4. Die Fischspieße herausnehmen. Die saure Sahne und den Senf in die Pfanne geben und gut unterrühren. Den Dill waschen, trocken schütteln und fein hacken. Das Paprikagemüse auf eine vorgewärmte Platte verteilen und die Fischspieße darauf anrichten. Mit Dill bestreut servieren.

Pro Portion: **1839 kJ / 437 kcal / 26 g Fett / 0,5 BE**

Diät-Tipp:

Nachts schüttet unser Gehirn Wachstumshormone aus, die dafür sorgen, dass Fett aus den Fettzellen abgebaut wird. Der Körper benötigt dafür Proteine und Vitamin C. Deshalb am besten zum Abendessen etwas Fleisch oder Fisch mit Beilagen essen, die viel Vitamin C enthalten, wie Paprika und Tomaten.

Zubereitung: 50 Min

kcal Fett LC

Kabeljau
mit Zucchinigemüse

Zutaten für 4 Portionen

2 kleine Kartoffeln
2 Knoblauchzehen
1 Zwiebel
2 rote Paprikaschoten
2 kleine Zucchini
3 EL Olivenöl
600 g Kabeljaufilet
1/2 Zitrone
250 ml Weißwein
Salz, Pfeffer
1/2 Bund Schnittlauch

Der fast fehlende Eigengeschmack machte den Kabeljau zu einem der beliebtesten Speisefische in Deutschland – er schmeckt auch Fischgegnern. Übrigens: Dorsch und Kabeljau sind unterschiedliche Bezeichnungen für dieselbe Fischart.

1. Die Kartoffeln waschen, schälen und in Scheiben schneiden, den Knoblauch und die Zwiebel schälen und fein würfeln. Die Paprika waschen, putzen und in Streifen, die Zucchini waschen und in Scheiben schneiden.

2. Die Zwiebeln mit Olivenöl andünsten, wenn sie glasig sind, das restliche Gemüse zugeben und bissfest garen. Mit Salz und Pfeffer würzen.

3. Den Fisch waschen, trocken tupfen und in Würfel schneiden. Mit Zitronensaft beträufeln und im Öl anbraten. Mit Weißwein ablöschen, einmal aufkochen und 15 Minuten ziehen lassen.

4. Den Schnittlauch waschen, trocken schütteln und in Ringe schneiden. Den Fisch unter das Gemüse heben, salzen und pfeffern und mit dem Schnittlauch bestreut servieren.

Pro Portion: **1354 kJ / 322 kcal / 10 g Fett / 1,8 BE**

Zucchini:

Sie gehören zu den Kübisgewächsen. Im Gegensatz zum Gartenkürbis werden sie aber unreif in einer Größe von ca. 20 cm geerntet. Die Schale ist in diesem Stadium noch zart und die Kerne sind noch nicht ausgebildet. Es gibt gelbe, grüne und gestreifte Sorten.

Zubereitung: 40 Min
Marinierzeit: 20 Min

Lachsfilets
in Mangosauce

Zutaten für 4 Portionen

1 kleines Stück Ingwer
100 ml Orangensaft
4 Lachsfilets à ca. 200 g
Salz, Pfeffer
1 EL Olivenöl

Mangosauce
500 g reife Mango
30 g Schalotten
1 rote Chilischote
1 EL brauner Zucker
250 ml Geflügelfond
2 EL Essig
1 TL Speisestärke

1. Den Ingwer schälen und fein reiben. Mit Orangensaft mischen und die Lachsfilets mit dem Saft beträufeln. Für ca. 20 Minuten marinieren.

2. Die Filets aus der Marinade nehmen und mit Salz und Pfeffer würzen. Öl in einer Pfanne erhitzen und den Fisch von jeder Seite ca. 4-5 Minuten braten.

3. Für die Sauce die Mangos schälen, das Fruchtfleisch in Spalten vom Stein lösen und in Würfel schneiden. Schalotten schälen und fein würfeln. Chili längs halbieren, entkernen und in feine Streifen schneiden.

4. Zucker in einem Topf bei mittlerer Hitze schmelzen. Die Schalottenwürfel unterrühren und sofort mit Geflügelfond ablöschen. Essig und Chili dazugeben. Einmal kräftig aufkochen. Mangowürfel dazugeben und 2 Minuten bei milder Hitze kochen lassen, mit einem Mixer pürieren.

5. Die Sauce durch ein Sieb passieren. Stärke mit wenig Wasser anrühren, in die Mangosauce rühren und einmal aufkochen. Salzen und pfeffern.

6. Die Lachsfilets mit der Mangosauce auf einem Salat anrichten.

Pro Portion: **1448 kJ / 346 kcal / 11 g Fett / 1,0 BE**

„Ein Rezept, das ich aus dem Urlaub mitgebracht habe. In Belize waren wir im Regenwald unterwegs und haben bei den Einheimischen dieses köstliche Gericht gegessen. Saftige Mango und frischer Lachs. Ein Gedicht. Wann immer ich Fernweh habe, hole ich mir auch gerne einen Pangasius beim Fischhändler um die Ecke. Urlaubsfeeling inklusive!“

Zubereitung: 30 Min
Marinierzeit: 60 Min

Shrimpssalat
in Papaya

Das deftige Gemüse mit den feinen Shrimps in einer exotischen Frucht? Klingt ungewöhnlich, ist aber außergewöhnlich köstlich. Damit können Sie auf Partys glänzen!

Zutaten für 4 Portionen

300 g Weißkohl
4 reife Papayas
30 g Haselnüsse
50 g Mayonnaise
150 g Joghurt
Saft einer halben Limette
3 EL Orangensaft
Salz, Pfeffer
1 TL Zucker
200 g Shrimps (gegart)
1 Frühlingszwiebel
1 EL schwarzer Sesamsamen

1. Den Kohl putzen, die äußeren Blätter entfernen, waschen und in feine Streifen schneiden. Die Papayas halbieren und die Kerne entfernen. Vier Hälften beiseitelegen, von den anderen das Fruchtfleisch mit einem Löffel herausholen und in kleine Würfel schneiden.

2. Die Haselnüsse in einer Pfanne ohne Fett anrösten, bis sie duften. Abkühlen lassen und dann hacken.

3. Joghurt, Salatmayonnaise, Zitronen- und Orangensaft verrühren. Mit Salz, Pfeffer und Zucker abschmecken.

4. Den Kohl mit den Papayawürfeln und den gehackten Nüssen mischen. Etwa eine Stunde ziehen lassen. Danach nochmals mit Zitronensaft, Salz und Pfeffer abschmecken.

5. Die Shrimps vorsichtig unter den Krautsalat heben. Die Frühlingszwiebel waschen, putzen und in Ringe schneiden. Die beiseitegelegten Papayas mit dem Salat füllen. Mit der Frühlingszwiebel und dem Sesam garnieren.

Pro Portion: **1093 kJ / 261 kcal / 16 g Fett / 1,0 BE**

Papaya:

Sie gehört zur Familie der Melonenbaumgewächse und stammt aus Südamerika. Die Früchte müssen beim Kauf unbedingt reif sein, da sie kaum nachreifen. Ihre Enzyme unterstützen übrigens die Fettverbrennung, wirken also als natürliche Fatburner!

Zubereitung: 55 Min

Lachs und Garnelen
auf Wildreis und Tomaten

Der nussartig schmeckende Wildreis hieß früher „Indianerreis", da die Ureinwohner Amerikas sich von ihm ernährten. Er ist übrigens keine Wildform des bei uns üblichen weißen Reises. Köstlich ist das dunkle Getreide auf jeden Fall!

Zutaten für 4 Portionen

200 g Wildreis
1/2 Fenchelknolle
1 Möhre
2 Knoblauchzehen
4 EL Olivenöl
4 Lachsfilets
Salz, Pfeffer
200 g Garnelen
500 g grüner Spargel
4 Röhren Frühlingszwiebel
2 rote Zwiebeln
250 g Cocktailtomaten
50 ml Gemüsebrühe
2 EL Balsamico-Essig
2 EL gehackte Petersilie
1 Bio-Zitrone

1. Den Wildreis in kochendes Salzwasser geben. Kurz aufkochen und ca. 30 Minuten quellen lassen.

2. Die Blättchen und den Strunk von der Fenchelknolle entfernen. Die Möhre schälen. Beides würfeln und ca. 15 Minuten dünsten. Danach abtropfen lassen und unter den Wildreis heben.

3. Den Knoblauch schälen und pressen, mit dem Olivenöl vermischen. Die Lachsfilets waschen, abtupfen und mit Salz und Pfeffer würzen. Bei mittlerer Hitze auf jeder Seite für 3-5 Minuten im Öl anbraten.

4. Den Lachs aus der Pfanne nehmen und warm stellen. Die Garnelen in die Pfanne geben und ca. 3 Minuten scharf anbraten, dann herausnehmen und warm stellen.

5. Den Spargel am unteren Drittel schälen und im gesalzenen Wasser ca. 5 Minuten kochen. Mit einer Schaumkelle herausnehmen. Die Spargelstangen zu vier Portionen zusammenlegen und mit je einem Röhrchen Frühlingszwiebel verbinden.

6. Die Zwiebeln schälen und in Streifen schneiden, die Tomaten waschen und beides ca. 30 Sekunden in heißem Öl anbraten. Mit der Brühe ablöschen, Essig und die gehackte Petersilie unterheben.

7. Das Lachsfilet auf den Tomaten und die Garnelen auf dem Wildreis anrichten. Mit Zitronenscheiben garnieren.

Pro Portion: **2120 kJ / 504 kcal / 17 g Fett / 3,9 BE**

Diät-Tipp:

Fisch ist gesund und macht schlank! Arbeitet die Schilddrüse nämlich zu wenig, wird man dick und träge. Damit sie richtig funktioniert, braucht sie Jod, das im Fisch reichlich enthalten ist.

Zubereitung: 15 Min

Gefüllte Eier

mit Fischrogen

Klingt verdächtig nach einem Buffet der 80er-Jahre. Aber das Rezept ist zu Unrecht in Vergessenheit geraten: Mit dem Lachskaviar wird es sogar zu einer Delikatesse. So lassen sich an Ostern auch hart gekochte Eier veredeln!

Zutaten für 8 Stück

8 Bio-Eier (Größe L)
1/2 Bund Dill
2 EL Mayonnaise
2 TL Senf
Salz und Pfeffer
1 Glas roter Kaviar (Lachskaviar)

1. Die Eier in 8 Minuten hart kochen, abschrecken, pellen und der Länge nach halbieren. Das Eigelb vorsichtig aus dem Eiweiß lösen und in eine Schüssel geben.

2. Den Dill waschen, trocken schütteln und fein hacken. Mit Mayonnaise, Senf, Salz und Peffer zu dem Eigelb geben und alles kräftig mit dem Mixel des Handrührgeräts verrühren. Nochmals mit Salz und Pfeffer abschmecken.

3. Die Masse in einen Spritzbeutel füllen und in die Eihälften spitzen. Mit dem roten Kaviar garnieren und auf Salat servieren.

Pro Stück: **521 kJ / 124 kcal / 9 g Fett / 0,1 BE**

Tipp:

„Roter Kaviar" ist kein echter Kaviar, sondern Lachsrogen. In Sachen Gesundheit zählt Lachskaviar zu den Spitzenreitern unter allen Delikatessen. Mit 30 % Eiweiß ist er ein hervorragender Energiespender, und er enthält viele Omega-3-Fettsäuren und Lezithin.

Zubereitung: 45 Min

Gegrilltes Lachssteak
mit Rucola-Salat

Ein ganz einfaches Gericht – und durch die Fischfarmen ist Lachs inzwischen ein günstiger Fisch geworden. Sehr viel besser und weniger fett ist natürlich der Lachs aus Wildfang!

Zutaten für 4 Portionen

4 Lachssteaks, à ca. 200 g
50 g Butter
Salz, schwarzer Pfeffer

Rucola-Tomaten-Salat
200 g Rucola
200 g gemischter Salat (z. B. Lollo Rosso, Eichblattsalat, Eisbergsalat)
250 g Cocktail-Tomaten
2 kleine rote Zwiebeln
2 EL Olivenöl kaltgepresst
2 EL Balsamico-Essig
1 EL Dijonsenf

Kräuterbutter
2 Schalotten
1 Knoblauchzehe
1/2 Bund Petersilie
150 g Butter
1 Zitrone

1. Den Ofen auf 200 °C vorheizen. Die Lachssteaks unter fließendem Wasser waschen und mit Küchenpapier trocken tupfen. Die Butter zerlassen und mit der Hälfte der Butter die Steaks von allen Seiten bestreichen. Auf den Rost (obere Einschubleiste) legen und für ca. 3 Minuten auf jeder Seite grillen. Mit der restlichen Butter bestreichen, salzen, pfeffern und noch etwa 5 Minuten auf jeder Seite grillen, bis sie sich fest anfühlen.

2. Die Lachssteaks auf einer vorgewärmte Servierplatte anrichten und mit Zitronenscheiben und Petersilie garnieren. Mit etwas selbst gemachter Kräuterbutter (siehe unten) verfeinern.

3. Den Rucola und die gemischten Blattsalate waschen, gut abtropfen lassen und in mundgerechte Stücke zerkleinern. Die Tomaten vierteln und die Stielansätze herausschneiden. Die Zwiebeln schälen und sehr fein hacken.

4. Olivenöl, Essig und Senf mit dem Schneebesen aufschlagen, mit Salz und Pfeffer abschmecken. Den Salat anrichten und die Sauce über den Salat geben. Mit den Lachssteaks servieren.

Kräuterbutter: Die Schalotten sehr fein schneiden, die Knoblauchzehe schälen und pressen. Die Petersilie waschen, trocken schütteln, die Blätter von den Stängeln zupfen und fein hacken. Die Butter schaumig rühren und alles untermengen. Mit Salz und Pfeffer würzen.

Pro Portion: **2205 kJ / 525 kcal / 36 g Fett / 0,3 BE**

Diät-Tipp:

Lachs ist ein geniales Diätmittel: Das enthaltene Eiweiß steigert die Fettverbrennung und liefert die Aminosäure Tyrosin. Diese hebt die Stimmung und wird vom Körper zu den Schlankmachern Dopamin und Noradrenalin umgebaut.

Zubereitung: 30 Min

Tilapia
mit Limone und grünem Spargel

1. Den Spargel waschen, die holzigen Enden abschneiden und das untere Drittel schälen. Reichlich Salzwasser zum Kochen bringen und den Spargel darin bei schwacher Hitze 8-10 Minuten garen.

2. Den Tilapia waschen, mit Küchenpapier trocken tupfen und im heißen Olivenöl von jeder Seite ca. 2-3 Minuten anbraten. Mit dem Weißwein ablöschen und den Fisch noch ca. 5 Minuten gar ziehen lassen.

3. Von der Limone ein wenig Schale abreiben, dann auspressen und den Saft zum Fisch geben. Die Chilischote waschen, die Kerne entfernen, in feine Streifen schneiden und dazugeben. Die Weißwein-Sauce mit Salz und Pfeffer abschmecken. Estragon waschen und fein hacken. Den gehackten Estragon dazugeben.

4. Den Spargel aus dem Salzwasser nehmen, abtropfen lassen und mit dem Tilapia-Filet anrichten. Die Sauce darüber geben.

! Statt des Tilapias können Sie auch andere feste, weißfleischige Fische verwenden. Besonders geeignet sind Red Snapper oder Doraden.

Zutaten für 4 Portionen

500 g grüner Spargel
1 kg Tilapia (Victoriabarsch)
100 ml Weißwein
1 Limone (ungespritzt)
1 kleine rote Chilischote
1 TL gehackter Estragon
3 EL Olivenöl
Salz, Pfeffer

Pro Portion: **1610 kJ / 385 kcal / 15 g Fett / 0,6 BE**

"Spargel satt – so heißt es bei uns immer in der Spargelsaison. Also, raus in die Natur! Verbinden Sie dieses Rezept doch einfach mit einem Ausflug zum Bauern und Fischhändler Ihres Vertrauens. Oder werden sie selbst zum Angler.
Stundenlang auf den großen Fang zu warten, hat auch etwas Entspannendes. Ich spreche da aus Erfahrung! Einen Barsch an der Angel zu haben, weckt sicher auch in Ihnen den Robinson Crusoe."

Zubereitung: 45 Min

Heilbuttfilets

mit Pfifferlingen

Egal, was andere sagen: Selbst gemachtes Kartoffelpüree schmeckt ganz besonders gut! Auf keinen Fall mit dem Pürierstab bearbeiten, sonst wird es zu Kleister ...

Zutaten für 4 Portionen

500 g Kartoffeln
Salz
250 ml Milch
1 Eigelb
30 g Butter
4 Schalotten
2 Knoblauchzehen
250 g frische Pfifferlinge
100 ml Weißwein
80 ml Sahne
30 g kalte Butter
4 Heilbuttfilet (à 150 g)
20 ml Olivenöl
2 Thymianzweige
1 Rosmarinzweig
3 Knoblauchzehen
Salz, weißer Pfeffer

frische gehackte Kräuter

1. Die Kartoffeln schälen, in grobe Würfel schneiden und in leicht gesalzenem Wasser ca. 20 Minuten gar kochen. Das Wasser abgießen und die Kartoffeln etwas ausdampfen lassen. Die Milch erwärmen und zu den Kartoffeln geben. Die Kartoffeln mit einem Kartoffelstampfer zerdrücken, Eigelb und ca. 10 g Butter unter das Kartoffelpüree rühren und nach Bedarf nachsalzen.

2. Die Schalotten schälen. Die Knoblauchzehen schälen und fein hacken. Die Pfifferlinge putzen, mit einem feuchten Tuch abreiben und größere Pilze halbieren.

3. Die restliche Butter in einer Pfanne erhitzen und die ganzen Schalotten und den gehackten Knoblauch darin hell anschwitzen. Die Pfifferlinge dazugeben und kurz braten. Alles aus der Pfanne nehmen und warm stellen. Den Bratensatz mit dem Weißwein ablöschen, die Sahne angießen und alles einkochen lassen. Mit einem elektrischen Schneidstab die kalte Butter in die Sauce mixen.

4. Die Heilbuttfilets waschen und trocken tupfen. Das Olivenöl in einer Pfanne erhitzen und die Heilbuttfilets darin etwa 2 Minuten anbraten. Die Filets wenden, Thymian, Rosmarin und die geschälten Knoblauchzehen zugeben. Den Fisch mit Salz und Pfeffer würzen und bei milder Hitze in 3-6 Minuten fertig braten.

5. Das Kartoffelpüree auf vier Teller verteilen, die Heilbuttfilets darauf anrichten und die Pilze um das Kartoffelpüree verteilen. Mit den Schalotten und den frischen Kräutern garnieren.

Pro Portion: **2427 kJ / 580 kcal / 31 g Fett / 3,0 BE**

Zubereitung: 20 Min

Zutaten für 4 Portionen

2 Knoblauchzehen
1 kleine Zwiebel
250 g Kirschtomaten
2 EL Olivenöl
1 getrocknete Chilischote
100 g Champignons
1 Bund glatte Petersilie
100 ml Weißwein
1 EL Tomatenmark
300 g Shrimps
Salz, Pfeffer
400 g Tagliatelle

Tagliatelle mit Shrimps

an geschmolzenen Kirschtomaten

Das schmeckt nach Sommer und Urlaub! Die roten, süßen Tomaten, die feinen Shrimps und die Petersilie sind eine aromatische Bombe ... Und auch, wenn Italiener den Kopf schütteln: Geben Sie ruhig Parmesan darüber.

Pro Portion: **2109 kJ / 504 kcal / 8 g Fett / 6,9 BE**

Shrimps:

Wie Krabben und Hummer gehören auch Garnelen (Shrimps) zu den Krustentieren. Beim Kauf sollten sie hell und glänzend aussehen und nur nach Meer riechen. Sie können auch bedenkenlos tiefgekühlte Shrimps kaufen.

1. Die Zwiebel und den Knoblauch schälen und sehr fein hacken. Die Kirschtomaten waschen und halbieren, dabei den Stielansatz entfernen.

2. Das Öl in der Pfanne erhitzen und die Chili hineinkrümeln. Zwiebel und Knoblauch im Öl glasig andünsten. Die Tomaten mit den Schnittflächen nach unten ins heiße Öl setzen und 5 Minuten dünsten.

3. Die Champignons putzen, in dünne Scheiben schneiden und zu den Tomaten geben. Das Tomatenmark dazugeben, unter Rühren anbraten. Mit dem Weißwein ablöschen und mit Salz und Pfeffer abschmecken.

4. Die Shrimps in die Sauce geben und 1-2 Minuten gar ziehen lassen. Nicht länger, da die Shrimps sonst zu fest werden!

5. Die Petersilie waschen, trocken schütteln und die Blätter vom Stängel zupfen. Grob hacken und unter die Sauce rühren.

6. Die Tagliatelle in reichlich gesalzenem Wasser nach Packungsanweisung bissfest kochen. Dann abgießen, kurz abtropfen lassen und in die Pfanne geben. Mit der Sauce vermengen, auf Tellern anrichten und nach Geschmack geriebenen Parmesan dazu reichen.

Vorbereitung: 10 Min
Garzeit: 30 Min
Marinierzeit: 35 Min

Exotischer Reis
mit Meeresfrüchten

Das frische Koriandergrün und die Säure der Limetten sorgen für einen asiatisch-frischen Geschmack.

Zutaten für 4 Portionen

250 g Langkornreis
1 EL Sesamöl
250 ml Weißwein
1 TL Senf
40 g Schalotten
200 g Shrimps ohne Schale
300 g frisches Fischfilet (z.B. Lachs, Zander)
Saft aus 2 Limetten
2 EL Olivenöl
1 Zwiebel
1 Knoblauchzehe
2 Tomaten
150 g rote Beete (aus dem Glas)
3-4 Zweige Koriandergrün
1/2 Bund Petersilie
3 EL Schnittlauch
Salz, Pfeffer

1. Den Reis in kochendes Salzwasser mit Sesamöl geben, bei kleiner Hitze bissfest garen. Auf ein Sieb schütten, kalt abspülen und abtropfen lassen.

2. Den Weißwein mit dem Senf mischen. Die Schalotten putzen und fein hacken, in die Weißweinsauce geben und aufkochen lassen. Die Shrimps in den heißen Sud geben und etwa 5 Minuten darin ziehen lassen.

3. Den Fisch waschen, mit Küchenpapier trockentupfen und in Würfel schneiden. Mit dem Limettensaft beträufeln und für 15 Minuten marinieren. Anschließend im heißen Olivenöl ca. 5 Minuten anbraten.

4. Die Zwiebel und den Knoblauch schälen und klein hacken, die Tomaten waschen und würfeln. Mit dem Reis vermengen, mit Salz und Pfeffer abschmecken und 20 Minuten ziehen lassen.

5. Die überschüssige Flüssigkeit von den Shrimps abgießen und mit dem Fisch und dem Reis mischen.

6. Die rote Beete gut abtropfen lassen und in kleine Würfel schneiden. Den Koriander fein hacken, von der Petersilie die Blätter von den Stängeln zupfen, den Schnittlauch waschen und in kleine Ringe schneiden und alles unter den Salat heben. Mit Salz und Pfeffer würzen.

Pro Portion: **2350 kJ / 560 kcal / 19 g Fett / 6,2 BE**

Die Limette:

Limetten gedeihen in den subtropischen Regionen der Erde, das Fruchtfleisch ist reich an Kalium, Calcium und Phosphor sowie an Vitamin C. Die Limette ist die „Zitrone der Tropen", sie ist jedoch weniger sauer und sehr viel aromatischer.

Zubereitung: 25 Min

Seeteufel
in Sojasauce

Das feste, weiße Fleisch des Seeteufels eignet sich besonders für die asiatische Art der Zubereitung: Es zerfällt nicht beim Umrühren und harmoniert mit Ingwer und Koriander.

Zutaten für 4 Portionen

300 g Jasminreis
700 g Seeteufel
Salz, Pfeffer
8 EL trockener Reiswein
2 x 2 cm frischen Ingwer
4 Knoblauchzehen
2 Zweige frischer Koriander
1/2 Bund Schnittlauch
2 Frühlingszwiebeln
1 EL dunkle Sojasauce
1 EL helle Sojasauce
3 TL weißen chinesischen Reisessig
1 TL Zucker
2 EL Sesamöl

1. Reis in einem Sieb kalt abbrausen, bis das Wasser klar abläuft. Dann in 600 ml Salzwasser aufkochen. Die Hitze reduzieren und den Reis zugedeckt auf kleinster Stufe ca. 15 Minuten gar ziehen lassen. Dann warm stellen.

2. Den Fisch waschen, mit einem Küchenpapier trocken tupfen und in Würfel schneiden. Leicht salzen und pfeffern. Den Ingwer und den Knoblauch schälen und fein hacken. Den Koriander und den Schnittlauch waschen, trocken schütteln und klein schneiden. Die Frühlingszwiebeln waschen, putzen und in Ringe schneiden.

3. Reiswein, Ingwer, Knoblauch, Frühlingszwiebeln, Sojasaucen, Reisessig, Zucker und Sesamöl vermischen und zusammen mit dem Fisch in einen Topf geben.

4. Im geschlossenen Topf den Fisch für ca. 10 Minuten dünsten, bis er gar ist. Nicht zu lange dünsten, sonst wird der Fisch zu trocken. Kurz vor dem Garende Schnittlauch und Koriander dazugeben.

5. Zusammen mit dem Jasminreis servieren.

! Der Reiswein sollte ein Chinesischer Shao-Hsing-Reiswein sein. Alternativ kann auch Sake oder trockener Sherry verwendet werden.

Pro Portion: **1904 kJ / 455 kcal / 7 g Fett / 5,4 BE**

Zubereitung: 15 Min

Linguine

mit Räucherlachs und Kapern

Zutaten für 4 Portionen

400 g Linguine
2 Frühlingszwiebeln
2 EL Olivenöl
100 g Sahne
2 EL Brandy
1 EL Kapern
200 g Räucherlachs
Pfeffer, Salz

1. Die Linguine nach Packungsanweisung in reichlich gesalzenem Wasser bissfest garen. Dann in ein Sieb abgießen und abtropfen lassen.

2. Die Frühlingszwiebeln putzen, in Ringe schneiden und in einer tiefen Pfanne im Öl kurz andünsten. Mit der Sahne ablöschen, den Brandy dazugeben und sämig einkochen lassen. Dann die Kapern dazugeben.

3. Den Lachs in feine Streifen schneiden und unter die Sahnesauce mischen, mit Salz und Pfeffer abschmecken.

4. Die Linguine mit der Sahnesauce in der Pfanne vermischen und auf Pastatellern verteilen.

! Je nach Geschmack können Sie diesem Gericht mit Dill und Fenchel noch eine ganz besondere Note geben. Dafür einfach den Fenchel in feine Streifen schneiden und mit den Frühlingszwiebeln andünsten. Den Dill fein hacken und ganz am Schluss dazugeben.

Pro Portion: **2275 kJ / 544 kcal /17 g Fett / 6,5 BE**

Zubereitung: 30 Min

Fischfilet
auf grünem Salat

1. Die Fischfilets leicht salzen und mit Zitronensaft beträufeln. Das Öl in einer Pfanne erhitzen und den Fisch knusprig anbraten. Dann abkühlen lassen und in Streifen schneiden.

2. Die Knoblauchzehen schälen und fein hobeln. In die Pfanne geben und kurz mitbraten lassen.

3. Essig, Senf, Salz, Pfeffer und Olivenöl zu einem sämigen Dressing verrühren.

4. Den Salat waschen, trocken schleudern und grob zerkleinern. Auf den Tellern verteilen, Fischstreifen und Knoblauch-Chips darauf anrichten. Alles mit dem Dressing beträufeln und mit dem Rosenpaprika bestäuben.

Pro Portion: **800 kJ / 191 kcal / 8 g Fett / 0,3 BE**

Zutaten für 4 Portionen

400 g Fischfilet (fester, weißer Fisch, z. B. Kabeljau, Tilapia)
2 EL Zitronensaft
1 EL Sesamöl
4 große Knoblauchzehen
3 EL weißer Balsamicoessig
1 TL Senf
Salz, Pfeffer
3 EL Olivenöl
1 Kopf Kopfsalat
1 TL Rosenpaprika

Tipp:

Besonders Seefische wie Makrelen oder Thunfisch liefern die langkettigen Omega-3-Fettsäuren. Diese Fettsäuren können vom Körper nicht selbst hergestellt werden, ihre gesundheitsfördernde Wirkung konnte in vielen Studien nachgewiesen werden. Sie senken u.a. die Blutfette und den Blutdruck.

Vollwert & Gemüse

Wer sich bewusst ernähren möchte, sollte auch fleischfreie Tage einlegen. Mit diesen Rezepten schmeckt das – und Geld spart es auch noch!

Auch wenn immer noch für viele zu einer „echten" Mahlzeit Fleisch gehört: Mit Gemüse lassen sich wahre Köstlichkeiten zaubern, die jederzeit mit einem Braten oder einem Steak mithalten können.

Dabei kommt es allerdings ganz besonders auf die richtige Verwendung von Kräutern und Gewürzen an. Für frische Kräuter gilt: Geben Sie sie immer erst ganz am Schluss dazu und lassen das Gericht nur noch einmal aufkochen. Die grünen Kräuter kochen sonst aus, und die aromatischen Öle verfliegen. Aber auch getrocknete Kräuter sollten erst im letzten Drittel des Garvorgangs dazugegeben werden. Mit ihnen ist es sonst ähnlich wie mit schwarzem Tee: Irgendwann schmecken sie bitter.

Vorbereitung: 30 Min
Garzeit: 30 Min

Paprika
mit Risotto gefüllt

Das farbenfrohe Gericht macht sofort gute Laune. Und gesund ist es mit dem Gemüse und den Kräutern sowieso!

Zutaten für 4 Portionen

- 4 gelbe Paprikaschoten
- 1 Zwiebel
- 2 EL Olivenöl
- 150 g Schweinehack
- Salz, Pfeffer
- 1 große Tomate
- 2 Knoblauchzehen
- 200 g Langkornreis
- ca. 500 ml Gemüsebrühe
- 1 Dose gestückelte Tomaten
- 1 TL getrocknetes Basilikum
- 1 TL getrockneter Thymian
- 1/2 TL Zucker
- 1 TL getrockneter Oregano

1. Paprika waschen, Deckel der Paprika entfernen und die Kerne herauslösen. Den Deckel beiseite stellen. Die Zwiebel schälen, fein würfeln und im Öl glasig werden lassen. Das Hackfleisch mit Salz und Pfeffer würzen, zu den Zwiebeln geben und unter Rühren braun anbraten.

2. Die Tomate waschen und fein würfeln, den Stielansatz dabei entfernen. Den Knoblauch schälen und pressen. Zusammen mit dem Reis unter das Hackfleisch mischen. Immer wieder mit Gemüsebrühe aufgießen, bis eine sämige Masse entsteht. Köcheln lassen, bis der Reis fast gar ist.

3. Die Dosentomaten in einem großen Topf erwärmen. Mit Salz, Pfeffer, Basilikum, Knoblauch, Thymian und Zucker abschmecken.

4. Die Hackfleichmischung mit Oregano und ein wenig Zucker abschmecken und in die ausgehöhlten Paprika füllen. Deckel draufsetzen und in den Topf mit den Tomaten stellen. Die Paprikas sollten ca. 1-2 cm in der Tomatensauce stehen. Dann innerhalb von ca. 30 Minuten bei schwacher Hitze fertig köcheln lassen.

Pro Portion: **1812 kJ / 431 kcal / 13 g Fett / 1,5 BE**

Tipp:

Wenn im Sommer Paprikas günstig angeboten werden, können Sie ruhig eine größere Menge kaufen. Legen Sie die halbierten, entkernten Früchte unter den Grill des Backofens, bis sie schwarz werden. Dann schälen und mindestens einen Tag mit Olivenöl, Knoblauch und Rosmarin einlegen: Die perfekte italienische Vorspeise!

Zubereitung: 20 Min
Garzeit: 30 Min

Gefüllte Paprika

mit Couscous

Ein traditionelles Gericht mit ungewöhnlicher Füllung: Couscous ist ein Grieß aus Weizen, der im Norden Afrikas zu fast jedem Gericht gehört.

Zutaten für 4 Portionen

4 rote Paprikaschoten
Salz, Pfeffer
2-3 Champignons
1 kleine Tomate
1 Zwiebel
1 Knoblauchzehe
1 Bund Petersilie
100 ml Gemüsebrühe
120 g Couscous (Instant)
1 EL Olivenöl
2 EL Crème Fraîche
100 g Schafskäse (Feta)
2 EL Butter

1. Die Paprikaschoten waschen, den Deckel abschneiden und die Kerne entfernen. Innen salzen und pfeffern.

2. Die Champignons klein würfeln. Die Tomate vierteln, entkernen und in kleine Würfel schneiden. Die Zwiebel und Knoblauchzehen schälen und fein würfeln. Die Petersilie waschen, trocken schütteln, die Blätter von den Stielen zupfen und fein hacken.

3. Die Gemüsebrühe aufkochen und den Couscous einrühren. Vom Herd nehmen und 5 Minuten quellen lassen.

4. Das Olivenöl in einer Pfanne erhitzen und das gewürfelte Gemüse anschwitzen. Petersilie, Couscous und Crème Fraîche dazugeben. 70 g Schafskäse würfeln und dazugeben, die Masse salzen und pfeffern.

5. Eine flache Auflaufform leicht einfetten und die Paprika hineinsetzen. Mit der Couscousmasse füllen, mit Butterflöckchen und dem restlichen Käse bestreuen. Die gefüllten Paprika im Backofen auf der mittleren Schiene ca. 30 Minuten bei 160 °C garen.

Pro Portion: **1057 kJ / 252 kcal / 10 g Fett / 2,3 BE**

Diät-Tipp:

Lassen Sie sich nicht in Versuchung führen! Süßigkeiten und Knabbereien sollten nicht zu Hause gelagert werden, denn „Aus den Augen – aus dem Sinn" trifft auch aufs Essen zu. Ebenso sollten Sie die Kalorienbomben von aufdringlichen Gastgebern konsequent ablehnen und sich nicht aus reiner Höflichkeit mästen lassen.

Zubereitung: 15 Min
Garzeit: 15 Min
Wartezeit: 10 Min

Vollkorn-Tomaten

mit Käse

Die Haselnüsse geben der Füllung etwas Kerniges. Allergiker können die Nüsse aber auch durch die doppelte Menge von gerösteten Haferflocken ersetzen.

Zutaten für 6 Stück

6 große Fleischtomaten
4 EL Haselnüsse
2 EL Vollkorn-Haferflocken
2 EL Vollkornbrotwürfel
2 EL passierte Tomaten
1 Zweig Basilikum
Salz, Pfeffer
100 g geriebener Emmentaler

1. Die Tomaten waschen und am Stielansatz flach abschneiden. Das Fruchtfleisch mit einem Teelöffel vorsichtig herauslösen und klein schneiden. Die Haselnüsse in einer Pfanne ohne Fett rösten, bis sie duften. Abkühlen lassen und im Mixer klein hacken.

2. Die Haferflocken und die Vollkornbrotwürfel mit dem Tomatenfruchtfleisch und den passierten Tomaten gut vermischen.

3. Das Basilikum waschen, trocken schütteln und die Blätter vom Stängel zupfen. Die Basilikumblätter fein hacken und unterrühren. Mit Salz und Pfeffer abschmecken. Für ca. 10 Minuten gut durchziehen lassen.

4. Dann in die Tomaten füllen, mit dem Emmentaler bestreuen und im vorgeheizten Backofen bei 180 °C ca. 15 Minuten überbacken.

Pro Stück: **538 kJ / 126 kcal / 8 g Fett / 0,5 BE**

Diät-Tipp:

Kein Abnehmen ohne Bewegung! Dazu ist nicht unbedingt Schweiß treibender Sport nötig, es ist schon viel gewonnen, wenn Sie die Treppe statt des Aufzugs nehmen oder mit dem Fahrrad zum Einkaufen fahren.

Zubereitung: 25 Min
Backzeit: 15 Min

Gefüllte Zucchini

mit Gemüsereis

Bei diesem Gericht vermisst man das Fleisch auf keinen Fall: Sommerliches Gemüse, mit Chili pikant gewürzt.

Zutaten für 4 Portionen

200 g Langkorn-Reis
1 Zwiebel
1 Knoblauchzehe
2 EL Olivenöl
2 Zucchini
1/2 gelbe Paprikaschote
4 Tomaten
Salz, Pfeffer
1/2 TL Chilipulver
2 EL Olivenöl
1 Frühlingszwiebel

1. Den Reis in leicht gesalzenem Wasser nach Packungsanweisung garen.

2. Die Zwiebel und den Knoblauch schälen und fein würfeln. Das Öl in einer Pfanne erhitzen und Zwiebel und Knoblauch darin glasig anbraten.

3. Die Zucchini waschen, halbieren und mit einem Teelöffel aushöhlen, dabei 1/2 cm vom Fruchtfleisch stehen lassen. Das verbleibende Fruchtfleisch fein würfeln. Die ausgehöhlten Zucchini im kochenden Salzwasser ganz kurz blanchieren.

4. Die Paprika waschen, entkernen und in feine Würfel schneiden. Die Tomaten waschen und würfeln, dabei die Stielansätze entfernen. Paprika, Tomaten und das Zucchinifleisch in die Pfanne geben und bissfest garen. Mit Salz, Pfeffer und Chili würzen. Mit dem Reis vermengen und die Zucchini mit dem Gemüsereis füllen.

5. Eine Auflaufform dünn mit Öl auspinseln und die Zucchini hineinsetzen. Im vorgeheizten Ofen bei 175 °C ca. 15 Minuten backen.

6. Die Frühlingszwiebel waschen und in feine Ringe schneiden. Die gefüllten Zucchini damit garnieren.

Pro Portion: **1200 kJ / 286 kcal / 8 g Fett / 3,8 BE**

Vorbereitung: 15 Min
Garzeit: 20 Min

Risotto
mit Paprika

Das Reisgericht gehört zu den Klassikern der italienischen Küche. Wichtig ist dabei das Anbraten des Risottoreises und das Angießen mit heißer Gemüsebrühe!

Zutaten für 4 Portionen

2 Zwiebeln
1 Knoblauchzehe
2 rote Paprikaschoten
8 EL Olivenöl
250 g Risottoreis
Salz
Paprika edelsüß
1 Prise Zucker
750 ml Gemüsebrühe
250 g Tomaten
1/2 Bund Petersilie
40 g geriebener Parmesan
schwarzer Pfeffer

1. Die Zwiebeln schälen und in Ringe schneiden, Knoblauch schälen und pressen. Die Paprikaschoten waschen, Stiel und Kerne entfernen, das Fruchtfleisch in dünne Streifen schneiden.

2. Das Öl in einem Topf erhitzen. Zwiebeln, Knoblauch und Paprika darin in 10 Minuten andünsten. Den trockenen Reis hineinstreuen. Unter Rühren mit anbraten. Mit Salz, Paprikagewürz und Zucker würzen. Nach und nach die heiße Gemüsebrühe zugießen.

3. Den Reis 20 Minuten bei kleiner Hitze quellen lassen. Er soll körnig bleiben, dehalb nicht stark rühren, sondern nur ab und zu schütteln.

4. Die Tomaten mit kochendem Wasser überbrühen, häuten, achteln und die Kerne entfernen. Zu dem Reis geben. Die Petersilie waschen, trocken schütteln und fein hacken. Parmesan, Pfeffer und Petersilie unter das Risotto heben und sofort heiß servieren.

Pro Portion: **1939 kJ / 462 kcal / 20 g Fett / 1,1 BE**

Diät-Tipp:

Stellen Sie sich nur einmal in der Woche auf die Waage, das reicht völlig aus. Tägliches Wiegen bringt nur Frustration, weil man innerhalb von 24 Stunden kaum messbar an Gewicht verliert.

Zubereitung: 5 Min
Garzeit: 20 Min

Hirsebrei
pikant

In der Antike und im Mittelalter zählte Hirse noch zu den Getreidesorten, die in Europa am häufigsten angebaut wurde. Jetzt feiert sie ein kleines Comeback!

Zutaten für 4 Portionen

1 rote Zwiebel
1 EL Sonnenblumenöl
200 g Hirse
500 ml Gemüsebrühe
250 g Joghurt
1 Ei
Salz, Pfeffer

1. Die Zwiebel schälen und würfeln. Das Öl in einem Topf erhitzen und die Zweibel darin andünsten.

2. Die Hirse mit fließendem Wasser heiß abspülen. Zu der Zwiebel in den Topf geben und ein bisschen mitdünsten lassen. Mit der Gemüsebrühe ablöschen und für ca. 20 Minuten quellen lassen.

3. Den Joghurt mit dem Ei, Salz und Pfeffer mischen. Unter die Hirse rühren und abschmecken. Mit frischen Kräutern (z.B. Petersilie, Basilikum) garnieren.

! Hirse ist ein „Schönmacher", sie enthält besonders viel Silicium, das für feste Nägel und volles Haar sorgt.

Pro Portion: **1032 kJ / 246 kcal / 8 g Fett / 3,1 BE**

Zubereitung: 45 Min

Zutaten für 4 Portionen

200 g Eisbergsalat
1 gelbe Paprikaschote
1 grüne Paprikaschote
1/2 Gurke
1 Möhre
2 Tomaten
10 schwarze Oliven
1 Keimschale Alfalfasprossen
Saft von 1/2 Limette
Salz, Cayennepfeffer
Saft einer halben Limette
2 TL Agavendicksaft
(oder 2 TL Zucker)
4 EL Sonnenblumenöl
8 Weizentortillas
8 Scheiben junger Gouda
8 Holzspießchen

Tortillas

mit Salatfüllung

Bei der Füllung sind der Fantasie keine Grenzen gesetzt: Sie können zum Salat auch Hühnchen oder Shrimps geben!

1. Den Salat waschen und in feine Streifen schneiden. Die Paprikaschoten waschen, entkernen und klein schneiden, die Gurke schälen und würfeln, die Möhre schälen und in Stifte hobeln. Die Tomaten waschen und würfeln, die Oliven ensteinen und in Scheiben schneiden, die Sprossen gründlich waschen und gut abtropfen lassen.

2. Den Limettensaft mit Salz und einer kräftigen Prise Cayennepfeffer verrühren, bis das Salz gelöst ist. Den Agavendicksaft unterrühren und das Öl mit einem Schneebesen unterschlagen. Alle Salatzutaten zusammenmengen und gut mit dem Dressing vermischen

3. Die Weizentortillas laut Packungsanweisung erhitzen und die heißen Tortillas mit jeweils einer Scheibe Gouda belegen. Darauf den Salat verteilen, die Tortillas zusammenrollen und mit einem Holzspießchen fixieren.

Pro Portion: **1068 kJ / 254 kcal / 12 g Fett / 2,0 BE**

„Wer kennt das nicht: Es ist Freitag Abend. Die Woche war stressig, man will nur noch auf die Couch und dazu etwas Ungesundes essen. Das Ganze soll wenig Zeit und Nerven kosten. Okay, ertappt – auch ich esse gern Junkfood. Aber da gibt es auch eine gesunde Variante. Ich war oft in den USA unterwegs, um meine Kinosendungen zu drehen, und habe die mexikanische Küche zu schätzen gelernt. Mein Tipp: Unbedingt Avocado Dip dazu reichen!"

Zubereitung: 45 Min
Garzeit: 40 Min

Amaranth-Püree
mit Shrimps

Amaranth zählt zu den ältesten Nutzpflanzen der Menschheit, sie findet sich in Mexiko in 9000 Jahre alten Gräbern! Dazu gehört sie zu den gesündesten ...

Zutaten für 4 Portionen

200 g Amaranth
300 g Kartoffeln
1/2 EL Salz
200 ml Milch
20 g Butter
Kräuterquark
250 g Magerquark
50 ml saure Sahne
1 EL Zitronensaft
1 Knoblauchzehe
Salz, Pfeffer
1/2 Bund Schnittlauch
1 Zweig Dill
1 Zweig Kerbel
200 g in Öl eingelegte Shrimps
Dill zum Garnieren

1. Den Amaranth und 750 ml Wasser in einen Topf geben und aufkochen. Zugedeckt ca. 20 Minuten leise köcheln und weitere 20 Minuten quellen lassen.

2. Die Karoffeln schälen, in große Würfel schneiden und in einen Topf geben. Knapp mit Wasser bedecken, salzen und ca. 20 Minuten auf mittlerer Temperatur gar kochen. Wasser abgießen und Kartoffeln etwas ausdampfen lassen. In einem Topf Milch erwärmen und zu den Kartoffeln gießen, den fertig gequollenen Amaranth zugeben. Alles mit einem Pürierstab pürieren. Die Butter unter das Amaranthpüree rühren und mit Salz abschmecken.

3. Den Quark in eine Schüssel geben und mit saurer Sahne und Zitronensaft glatt rühren. Den Knoblauch schälen, pressen und zur Quarkmasse geben. Mit Pfeffer und Salz würzen, alles gut verrühren. Die Kräuter fein hacken und unter den Quark mischen. Kurz durchziehen lassen, evtl. mit Salz und Pfeffer nachwürzen.

4. Die Shrimps abtropfen lassen. Das Püree auf den Tellern als Kugel anrichten. Die Shrimps und den Kräuterquark darübergeben und mit Dill bestreuen.

! Amaranth enthält mehr Eiweiß als jede andere Getreideart – darüber hinaus in einer Zusammensetzung, die für den menschlichen Körper ideal ist.

Pro Portion: **1593 kJ / 379 kcal / 9 g Fett / 4,4 BE**

Zubereitung: 15 Min

Gurkenröllchen

mit Schafskäse gefüllt

Dieser leichte Snack eignet sich für jede sommerliche Party oder als Beilage für gegrilltes Fleisch. Statt der Gurke können Sie ebenso kleine Zucchini verwenden.

Zutaten für 4 Portionen

1/2 mittelgroße Salatgurke
Salz, Pfeffer
8 Kirschtomaten
einige Blättchen Rucola
100 g Schafskäse (Feta)
3 Knoblauchzehen
4-5 EL Frischkäse (Doppelrahm)
2 EL eingelegte Pfefferkörner

1. Die Gurken waschen, die Enden abschneiden, mit einem scharfen Messer oder einem Sparschäler längs in jeweils 16 dünne Scheiben schneiden. Die Scheiben leicht salzen und pfeffern.

2. Die Tomaten waschen, Stielansätze und Kerne entfernen, das Fruchtfleisch würfeln. Den Rucola waschen, trocken schütteln und klein schneiden. Den Feta in Würfel schneiden. Den Knoblauch schälen, pressen und mit Frischkäse, Feta, Tomatenwürfeln und Pfefferkörnern gut verrühren.

3. Die Käsemasse gleichmäßig auf die Gurkenscheiben streichen. Die Gurkenscheiben vorsichtig aufrollen und mit Holzspießchen feststecken.

Pro Portion: **762 kJ / 184 kcal / 15 g Fett / 0,4 BE**

Diät-Tipp:

Auch wenn es immer behauptet wird: Spätes Essen macht nicht dick! Es kommt einzig und allein auf die Gesamtmenge der Kalorien an, die pro Tag zugeführt wird, der Zeitpunkt spielt keine Rolle.

Zubereitung: 30 Min

Gemüsebratlinge
mit Grünkernschrot

Grünkern macht aus diesen „Frikadellen" eine vollwertige Mahlzeit! Dabei handelt es sich übrigens um gerösteten, halb reif geernteten Dinkel.

Zutaten für 8 Stück

1 Zwiebel
1 EL Butter
100 g Grünkernschrot
225 ml Gemüsebrühe
1 Möhre
1 Zucchini
2 Eier
Salz, Pfeffer
geriebene Muskatnuss
Paprikapulver (edelsüß)
Paniermehl
2 EL Butterschmalz

1. Die Zwiebel abziehen und fein würfeln. Die Butter in einer Pfanne erhitzen und die Zwiebeln darin andünsten. Den Grünkernschrot und die Gemüsebrühe zugeben und ca. 8 - 10 Minuten bei kleiner Hitze quellen, dann abkühlen lassen.

2. Die Möhre schälen, die Zucchini waschen und die Kerne mit einem Löffel herausschaben. Möhre und Zucchini fein raspeln und mit dem gequollenen Grünkern, den Eiern und den Gewürzen zu einem Teig verkneten.

3. Mit angefeuchteten Händen 8 flache Frikadellen (6 cm Durchmesser; 1-2 cm hoch) aus dem Teig formen und im Paniermehl wälzen.

4. Das Schmalz in einer großen Pfanne erhitzen und die Frikadellen darin bei mittlerer Hitze auf jeder Seite 4-5 Minuten goldbraun braten.

Pro Stück: **534 kJ / 128 kcal / 5 g Fett / 1,2 BE**

Zubereitung: 25 Min

Honigmelone
mit Avocado und Rucola

Reife Melonen eignen sich gut für Kombinationen mit pikanter Note: Sie verfeinern auch Feldsalat mit gebratenen Speckwürfeln.

Zutaten für 4 Portionen

1 Honigmelone
2 Avocados
1 EL Zitronensaft
250 g Cocktail-Tomaten
150 g Rucola
2 EL weißer Balsamico-Essig
2 EL Sonnenblumenöl
Salz, Pfeffer
1 Prise Zucker
100 g Parmesan
schwarzer Pfeffer aus der Mühle

1. Die Melone schälen, längs halbieren und die Kerne entfernen. Das Fruchfleisch in Spalten schneiden. Die Avocados aufschneiden und den Kern entfernen. Das Fruchtfleisch aus der Schale lösen und in Scheiben schneiden. Sofort mit Zitronensaft beträufeln, damit die Avocados nicht braun anlaufen.

2. Die Tomaten waschen, vierteln und die Stielansätze herausschneiden. Den Rucola waschen, abtropfen lassen und längere Blätter teilen.

3. Essig, Öl, Salz, Pfeffer und Zucker zu einem Dressing verrühren. Den Rucolasalat auf Tellern anrichten, die Avocado- und Melonenscheiben sowie die Tomatenstücke ringsum anordnen und das Salat-Dressing darüberträufeln.

4. Zum Schluss den Parmesan darüberreiben und mit frisch gemahlenem schwarzen Pfeffer würzen.

! Am besten eignet sich für diesen Salat die duftende Charentais-Melone, eine Zuckermelonenart. Die Schale ist hellgrün mit dunklen Streifen und glatt, das Fruchtfleisch ist orange.

Pro Portion: **1597 kJ / 382 kcal / 29 g Fett / 1,0 BE**

Zubereitung: 30 Min

Tabbouleh
mit frischer Minze

Ursprünglich stammt das Gericht aus dem Libanon, inzwischen hat es nicht nur in der arabischen Welt Freunde. Kein Wunder: Es schmeckt unglaublich frisch und aromatisch!

Zutaten für 4 Portionen

200 g Bulgur
1 Bund Frühlingszwiebeln
2 Bund Petersilie
1/2 Bund Pfefferminze
1 Fleischtomate
1/2 Salatgurke
50 g schwarze Oliven
Saft von 2 Zitronen
Salz, schwarzer Pfeffer
6 EL Olivenöl

1. Den Bulgur (vorbehandelter Weizen) in kochendes Wasser geben und 10 Minuten quellen lassen, dann abtropfen lassen.

2. Die Frühlingszwiebeln waschen und in Ringe schneiden. Die Petersilie und die Pfefferminze waschen, trocken schütteln, die Blätter von den Stängeln zupfen und fein hacken. Unter den Bulgur mischen.

3. Die Tomate waschen und den Stielansatz entfernen, die Salatgurke schälen und beides fein würfeln. Die Oliven entsteinen, achteln und mit den Tomaten und der Gurke zu dem Bulgursalat geben.

4. Den Zitronensaft mit Salz, Pfeffer und Olivenöl verrühren. Unter den Salat mischen und den Salat kurz ziehen lassen.

! Die perfekte Beilage ist ein türkisches Fladenbrot und ein Dip aus Joghurt und Kräutern.

Pro Portion: **1633 kJ / 388 kcal / 17 g Fett / 3,7 BE**

Zubereitung: 25 Min
Garzeit: 20 Min

Bratlinge
aus Kartoffeln und Zucchini

Diese einfachen Bratlinge sind unglaublich vielseitig: Sie schmecken als Beilage zu Fleisch und Fisch oder machen einen Salat zu einer vollwertigen Mahlzeit.

Zutaten für 4 Portionen

400 g Kartoffeln
600 g Zucchini
2 Knoblauchzehen
1 Bund Petersilie
1 Bund Dill
2 Eier
Salz, Pfeffer
4 EL Öl zum Braten
3 EL Weizenvollkornmehl

1. Die Kartoffeln in ausreichend gesalzenem Wasser kochen. Abgießen und pellen. Die Zucchini waschen und grob raspeln.

2. Den Knoblauch schälen und fein hacken. Die Petersilie und den Dill waschen, trocken schütteln und die Blättchen von den Stängeln zupfen. Die Blätter fein schneiden.

3. Die Zucchini mit den Kartoffeln, Eiern, Knoblauch, Dill und Petersilie vermischen und mit Salz und Pfeffer abschmecken.

4. Das Öl in einer Pfanne erhitzen und den Teig esslöffelweise flach auslegen, mit Mehl bestäuben und von beiden Seiten knusprig braun backen.

Pro Portion: **1076 kJ / 256 kcal / 13 g Fett / 1,8 BE**

Zubereitung: 40 Min

Kürbiscurry
mit Korianderreis

Die indische Küche ist berühmt für ihre vegetarischen Gerichte. Dafür lohnt sich die Anschaffung der vielen Gewürze!

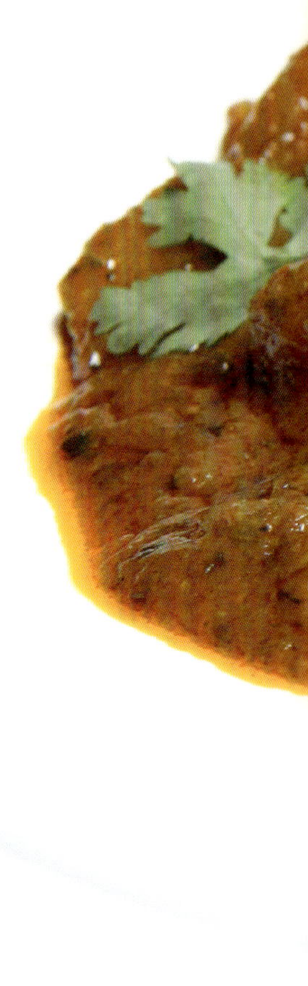

Zutaten für 4 Portionen

700 g Kürbisfleisch
150 g Kartoffeln
1 Bund Frühlingszwiebeln
3 Knoblauchzehen
1 Zwiebel
2 x 2 cm Ingwer
2 Tomaten
4 EL Öl
1/2 EL Kurkuma
1/2 TL Chili
2 Gewürznelken
1 TL Zimt
1 TL Koriander
2 Kardamomkapseln
100 g Crème fraîche
Salz
Korianderblätter

Korianderreis
300 g Reis
3 EL Öl
1 Zwiebel
1/2 cm Zimtstange
1 Lorbeerblatt
6 Nelken
2 TL Zucker
1/2 Bund Koriandergrün

1. Kürbis und Kartoffeln schälen, würfeln und weich kochen. Die Frühlingszwiebeln putzen und in feine Ringe schneiden. Knoblauch, Zwiebel und Ingwer schälen und fein hacken. Die Tomaten waschen, die Stielansätze entfernen und würfeln.

2. Das Öl erhitzen, Kurkuma und Chili dazugeben, etwa 30 Sekunden rühren, Frühlingszwiebeln und Zwiebel dazugeben. Wenn die Zwiebel glasig ist, Knoblauch, Ingwer, die Gewürze und die Tomaten beifügen.

3. Unter gelegentlichem Rühren fünf Minuten köcheln lassen, den Kürbis dann daruntermischen und weitere 15 Minuten auf kleinem Feuer kochen lassen. Crème fraîche hineinrühren, salzen und sanft erhitzen, nicht mehr kochen lassen. Das Curry mit den Korianderblättern bestreuen.

4. Den Reis 15 Minuten in kaltem Wasser einweichen. Abspülen und abtropfen lassen. Die Zwiebeln schälen und fein hacken, im Öl braun anschwitzen. Die Gewürze 5 Minuten unter Rühren mitbraten lassen. Den Zucker zugeben und karamellisieren lassen. Den Reis unterrühren und 2 Minuten anbraten. Etwa 1 TL Salz und einen 3/4 Liter kochendes Wasser zugeben, den Reis gar kochen. Korianderblätter von den Stängeln zupfen, sehr fein hacken und unter den Reis rühren.

Pro Portion: **2217 kJ / 530 kcal / 30 g Fett / 6,1 BE**

Diät-Tipp:

Essen Sie regelmäßig und lassen Sie möglichst keine Mahlzeit ausfallen. Denn Ernährungswissenschaftler sagen: Bei der nächsten isst man dann als Ausgleich besonders viel. Ob drei oder fünf Mahlzeiten am Tag richtig sind, ist Gemackssache. Man muss nur aufpassen, dass aus ursprünglich fünf kleinen nicht fünf große werden.

Zubereitung: 40 Min
Einweichzeit: 30 Min

Couscous
mit Kürbisgemüse

Im Herbst leuchten die Kürbisse an den Straßenrändern. Hier ist eine orientalische Variante mit getrockneten Früchten, die besonders bei Kindern ankommt.

Zutaten für 4 Portionen

300 g Couscous
400 ml Gemüsebrühe
2 rote Zwiebeln
2 Knoblauchzehen
2 EL Olivenöl
4 getrocknete Datteln
4 getrocknete Feigen
2 EL Sultaninen
300 g Kürbis
1 grüne Paprikaschote
200 g Erbsen
2 EL Petersilie, gehackt
Salz, Pfeffer
Cayennepfeffer
Zimt

1. Couscous 30 Minuten in Wasser einweichen, dann das Wasser abgießen. Die Gemüsebrühe zum Kochen bringen und den Couscous im Dampfeinsatz über der Gemüsebrühe garen. (Wenn Sie es eilig haben, können Sie auch Instant-Couscous verwenden!)

2. Die Zwiebeln und den Knoblauch schälen und fein hacken, beides im Olivenöl glasig andünsten. Die Datteln und Feigen klein hacken und mit den Sultaninen zugeben.

3. Den Kürbis schälen, die Kerne entfernen und das Fruchtfleisch in ca. 1 cm große Würfel schneiden. Die Paprika putzen, klein würfeln, mit den Erbsen und dem Kürbis zu den Zwiebeln geben und mitdünsten.

4. Die Petersilie waschen, trocken schütteln und fein hacken. Mit Salz, Peffer, je einer Prise Cayennepfeffer und Zimt abschmecken und alles ca. 10 Minuten weiter köcheln lassen, bis das Gemüse gar ist.

5. Den Couscous unter das Gemüse heben und alles zusammen nochmals erhitzen.

Pro Portion: **1580 kJ / 377 kcal / 6 g Fett / 6,3 BE**

Kürbis

ist hervorragend bei Diäten geeignet, denn er hat nur 20 kcal pro 100 g und wirkt entwässernd! Zudem ist er sehr gesund, er enthält die Vitamine A, C, D und E sowie die Elemente Kalium, Kalzium und Zink. Häufig wird der Hokkaido-Kürbis zum Kochen verwendet. Kein Wunder: Er hat den Vorteil, dass er nicht geschält werden muss!

Zubereitung: 40 Min

Risotto

mit frischen Steinpilzen

Mit den Steinpilzen ist das Risotto besonders edel. Natürlich funktioniert das Rezept aber auch mit Pfifferlingen oder den preiswerteren Champignons.

Zutaten für 4 Portionen

800 ml Hefebrühe mit Steinpilz (Reformhaus)
50 ml Weißwein
1 Zwiebel
1 Knoblauchzehe
4 EL Butter
400 g Risottoreis
100 g frische Steinpilze
1 EL Olivenöl
1/2 Bund Petersilie
70 g Parmesan (am Stück)
Salz, Pfeffer

1. Die Brühe in einem Topf erhitzen und mit Weißwein mischen. Warm halten.

2. Die Zwiebel und den Knoblauch schälen und fein würfeln, in einem Topf in 2 EL Butter glasig anbraten. Den Risottoreis dazugeben und unter Rühren mit andünsten.

3. Zwei Schöpfkellen der Wein-Brühe unterrühren und bei kleiner Hitze einkochen lassen. Erneut Brühe angießen, rühren und so fortfahren, bis der Reis nach ca. 30 Minuten bissfest ist.

4. Die Steinpilze mit einem feuchten Tuch abwischen und putzen. Dann in Scheiben schneiden und in Öl und 1 EL Butter anbraten. Salzen und pfeffern.

5. Die Petersilie waschen, trocken schütteln und fein hacken, den Parmesan fein reiben.1 EL Butter unter das Risotto rühren, mit Salz und Pfeffer abschmecken, dann die Pilze vorsichtig unterheben. Das Risotto mit der Petersilie und dem Parmesan anrichten.

Pro Portion: **2379 KJ / 568 kcal / 18 g Fett / 6,7 BE**

Zubereitung: 20 Min
Abkühlzeit: 30 Min

Knuspermüsli

Vollkorn-Kokos-Nuss

Wer zum Frühstück so ein Vollwert-Müsli isst, muss bis zum Mittag keine Hunger-Attacken oder einen knurrenden Magen befürchten. Und durch den Honig sind auch Kinder begeistert!

Zutaten für 4 Portionen

4 EL Waldhonig
4 EL Sonnenblumenöl
500 g Vollkorn-Haferflocken
75 g Sonnenblumenkerne
75 g Kokosflocken
50 g gehobelte oder gehackte Haselnüsse
50 g gehobelte oder gehackte Mandeln
1 Msp. Zimt
150 g ungeschwefelte Rosinen
2 EL Sojakleie

1. Den Honig und das Öl in einer großen Pfanne erhitzen. Alle Zutaten bis auf die Rosinen dazugeben und unter ständigem Rühren ca. 5 Minuten rösten. Dann die Rosinen zufügen und weitere 5 Minuten bei schwacher Hitze unter ständigem Rühren rösten.

2. Das Müsli abkühlen lassen. (Wenn Sie es in der Früh eilig haben, ist es besser, das Müsli schon am Vorabend zuzubereiten.)

3. Je nach Geschmack und Jahrezeit frisches Obst wie Pfirsich, Apfel, Erdbeeren oder Bananen in das Müsli schneiden und mit Milch, Fruchtsaft oder Joghurt servieren.

! Nach völligem Abkühlen hat man ein köstliches Knuspermüsli auf Vorrat. Am besten in einem Schraubverschluss-Glas aufbewahren.

Pro Portion: **1660 kJ / 395 kcal / 18 g Fett / 3,9 BE**

Süßes & Beeren

Was gibt es Schöneres, als an einem heißen Sommertag ein Eis oder ein Smoothie zu genießen? Hier sind die frischen Rezepte dafür!

Sommer ist die schönste Jahreszeit für leichte Desserts. Jetzt sind die Beeren und Früchte preiswert und frisch in den Supermärkten. Vieles wird an den Straßenrändern direkt vom Erzeuger verkauft. Scheuen Sie sich nicht, jetzt auch auf Vorrat einzukaufen. Die Erdbeeren für ein Smoothie (S. 221) werden z.B. sowieso eingefroren, also kann man sie problemlos ein paar Monate aufheben. Auch Himbeeren eignen sich gut zum Einfrieren!
Für alle, die sich kalorienbewusst ernähren wollen, bietet es sich an, während der heißen Jahreszeit ganze Mahlzeiten durch eine der leckeren Quarkspeisen zu ersetzen. Durch die Fruchtsüße kommt auch kein Heißhunger auf Süßes auf!

Zubereitung: 15 Min
Kühlzeit 30 Min

Erdbeer-Sorbet

mit Likör

Nur bei einem selbst gemachten Sorbet können Sie sich ganz sicher sein, dass weder Farbstoffe noch künstliche Aromen verwendet werden. Und es geht ganz einfach!

Zutaten für 4 Portionen

500 g reife, aromatische Erdbeeren
200 g Puderzucker
50 ml Erdbeerlikör
Limettensaft
nach Belieben Erdbeeren und Minze zum Garnieren

1. Die Erdbeeren waschen, putzen und zerkleinern. Mit 175 g Puderzucker und dem Erdbeerlikör (oder Orangenlikör, z.B. Grand Marnier) mixen, dann durch ein Sieb streichen. Mit dem Limettensaft und dem übrigen Zucker abschmecken. Für Kinder können Sie den Alkohol durch etwas mehr Limettensaft ersetzen.

! Sorbet-Masse sollte immer gut gesüßt sein, die Süße lässt durch das Gefrieren etwas nach.

2. Die Sorbet-Masse in ca. 30 Minuten in der Eismaschine gefrieren lassen. Wer keine Eismaschine hat: Die Masse in ein flaches Gefäß füllen und für 4-5 Stunden ins Gefrierfach stellen. Öfter umrühren, nur so wird das Eis cremig. Rühren Sie es in der ersten Stunde alle 10 Minuten um, danach reichen alle 30 Minuten.

3. Portionsweise in Schalen verteilen. Nach Belieben mit frischen Erdbeeren und Minze garniert servieren oder mit Sekt aufgießen.

Pro Portion: **1047 kJ / 250 kcal / 0 g Fett / 4,9 BE**

Erdbeeren

Sie gelten als die beliebtesten Beeren überhaupt. Man muss sie aber bereits rot kaufen, denn Erdbeeren reifen nicht nach. Ihren typischen, fruchtigen Geschmack bekommen sie nur, wenn sie in der Sonne gewachsen sind, also immer auf die Herkunft achten!

Zubereitung: 35 Min
Kühlzeit: 4 Std

Schoko-Vanille-Creme
mit Erdbeeren

Natürlich ist dieser Nachtisch der Renner bei jedem Kindergeburtstag. Passen Sie aber auf, dass die Eltern ihren Kindern nicht alles wegessen ...

Zutaten für 8 Portionen

1 l fettarme Milch
1 Päckchen Vanillepudding
1 Päckchen Schokoladenpudding
80 g Zucker
500 g Erdbeeren
200 ml Sahne
1 EL Zucker
1 unbehandelte Orange
1 EL Raspeln aus Zartbitterschokolade

Pro Portion: **952 kJ / 227 kcal / 11 g Fett / 2,4 BE**

1. Den Vanillepudding mit 500 ml Milch und 40 g Zucker nach Packungsanweisung zubereiten. Noch heiß in Dessertschälchen füllen. Die Schälchen mit Frischhaltefolie abdecken, damit sich keine Haut bildet, und den Pudding abkühlen lassen.

2. Die Erdbeeren waschen, putzen und in Scheiben schneiden. Den Schokoladenpudding mit übriger Milch und Zucker zubereiten. Auf den Vanillepudding nun Schokoladenpudding und Erdbeeren schichten. Mit den Erdbeeren abschließen.

3. Die Dessertschalen für mindestens 4 Stunden in den Kühlschrank stellen, bis der Pudding fest ist.

4. Vor dem Servieren die Sahne mit dem Zucker steif schlagen und auf die Erdbeeren geben. Mit etwas geriebener Orangenschale und geraspelter Schokolade garnieren.

Zubereitung: 30 Min

Gefüllte Crêpes
mit Erdbeeren

Zutaten für 12 Crêpes

100 g Mehl
1 Ei
250 ml Milch
1 EL Butter
500 g frische Erdbeeren
50 g Zucker
Butter für die Pfanne
Puderzucker zum Bestäuben

Achten Sie darauf, dass die Crêpes wirklich hauchdünn sind. Durch einen wirklich guten Crêpe kann man in Frankreich angeblich „die Zeitung lesen“!

Pro Stück: **481 kJ / 114 kcal / 4 g Fett / 1,4 BE**

1. Das Mehl mit dem leicht verquirlten Ei, der Milch und der zerlassenen Butter zu einem glatten Teig schlagen. Den Teig eine Stunde kalt stellen.

2. In der Zwischenzeit die Erdbeeren waschen, Stiel entfernen und je nach Größe halbieren oder vierteln. Mit dem Zucker bestreuen und zur Seite stellen.

3. Ofen auf 100 °C vorheizen. Eine beschichtete Pfanne auf mittlere Temperatur erwärmen (nicht zu heiß!). Et- was Butter in die Pfanne geben. Wenn sie flüssig ist, 2 Esslöffel Teig dazugeben, durch Schwenken der Pfanne zu einer dünnen Schicht verlaufen lassen.

4. Den Crêpe nach ca. 1 Minute vorsichtig vom Rand lösen, wenden, kurz von der anderen Seite fertig backen. Die fertigen Crêpes im Ofen warm stellen, während Sie die anderen backen. Dann die Crêpes mit 2-3 EL Erdbeeren belegen und zu Vierteln falten. Mit Puderzucker bestreuen und servieren.

! Für Gäste können Sie die Crêpes auch mit etwas pürierten Erdbeeren verzieren.

Zubereitung: 10 Min

Buttermilch
Erdbeer-Shake

1. Die Erdbeeren waschen und vom Stiel befreien. Zwei schöne Erdbeeren aufheben, die restlichen halbieren und zusammen mit den übrigen Zutaten in einen Mixer geben.

2. Alles pürieren bis eine dicke Creme entstanden ist und keine größeren Erdbeerstücke mehr zu sehen sind. In ein gekühles Glas abfüllen, mit der Erdbeere garnieren und eiskalt genießen!

! Erdbeeren sollten erst kurz vor dem Verzehr gewaschen werden – so behalten sie ihren typischen Geruch und schmecken noch fruchtiger.

Pro Shake: **609 kJ / 145 kcal / 2 g Fett / 2,1 BE**

Zutaten für 4 Portionen

250g Erdbeeren
Saft einer Zitrone
500 ml Buttermilch
1 EL Zucker
2 Kugeln Erdbeer-Eis

Diät-Tipp:

Auch wenn synthetische Süßstoffe nur einen Bruchteil der Kalorien von Zucker haben: Zum Abnehmen eignen sie sich offensichtlich nach neuen Erkenntnissen der Wissenschaft nicht. Denn sie erhöhen das Verlagen nach Süßem, steigern den Appetit und verlangsamen die Verdauung.

Zubereitung: 35 Min

Quarkspeise
mit Erdbeeren

1. Die Erdbeeren abbrausen und abtropfen lassen. Den Blütenansatz entfernen und die Früchte würfeln. Einige schöne Früchte zum Garnieren beiseite legen. Die gewürfelten Erdbeeren in einer Schüssel mit Zucker und Zitronensaft vermengen und zugedeckt 30 Minuten kühl stellen.

2. Den Joghurt mit dem Quark und der Milch glattrühren und ebenfalls gut durchkühlen.

3. Die Melisse kalt abbrausen, trockenschütteln und einige Blättchen von den Stängeln zupfen.

4. Die gewürfelten Erdbeeren in Dessertschalen füllen und die Joghurt-Quarkmasse darübergeben. Mit den Melisseblättchen und den ganzen Erdbeeren garnieren und mit Puderzucker und Zimt bestreut servieren.

! Dieses Quarkgericht kann ebenso mit Kirschen, Himbeeren oder Brombeeren zubereitet werden!

Zutaten für 4 Portionen

500 g Erdbeeren
5 EL Zucker
Saft von einer Zitrone
250 g fettarmer Joghurt (1,5%)
250 g Quark (20%)
6 EL Milch
1 Zweig Zitronenmelisse
Puderzucker
Zimt

Pro Portion: **1156 kJ / 267 kcal / 13 g Fett / 2,2 BE**

Zubereitung: 20 Min

Beeren-Mix
mit Quark

Ob zum Frühstück oder als Snack an heißen Tagen: Perfekt erfrischend!

1. Den Quark mit der Buttermilch, dem Zitronensaft und dem Puderzucker mit einem Handrührgerät aufschlagen.

2. Die Beeren waschen. Die Johannisbeeren vom Stiel zupfen, die Erbeeren in Scheiben schneiden.

3. Pumpernickel zerbröseln, in einer Pfanne trocken rösten, abkühlen lassen und 1 Prise Zimt zugeben.

4. Den Pumpernickel zuerst in die Portionsgläser geben. Die Beeren und die Quarkspeise darauf abwechselnd schichten und gleich servieren.

Pro Portion: **539 kJ / 128 kcal / 0,7 g Fett / 1,6 BE**

Zutaten für 4 Portionen

250 g Magerquark
100 ml Buttermilch
3 EL Zitronensaft
300 g frische Johannisbeeren und Erdbeeren
30 g Puderzucker
50 g Pumpernickel
Zimt

Diät-Tipp:

Trinken Sie jeden Morgen vor dem Frühstück den Saft einer Zitrone in einem großen Glas Mineralwasser. Das kurbelt den Stoffwechsel und die Fettverbrennung gewaltig an!

„Liebe ich im Sommer sehr. Besonders, wenn man so früh wie ich aufstehen muss, braucht man ab 8 Uhr etwas Gehaltvolles. Am besten Magerquark nehmen, mit gehobelten Pistazien und Honig verfeinern, ein paar Sommerblüten wie Kornblumen dazu. Damit kann man nicht nur Kinderherzen höher schlagen lassen."

Zubereitung: 20 Min
Kühlzeit: 60 Min

Früchte
mit Dickmilch-Creme

1. Die Aprikosen mit kochendem Wasser überbrühen, ca. 5 Minuten stehen lassen dann kalt abschrecken. Die Haut abziehen, halbieren und den Stein entfernen. Die Aprikosenhälften in Würfel schneiden. Die Heidelbeeren verlesen, waschen und abtropfen lassen.

2. Die Sahne steif schlagen. Die Dickmilch glatt rühren und die Instant-Gelatine mit dem Handrührgerät auf niedrigster Stufe einrühren. Noch eine Minute weiterrühren. Dann Zucker und Vanillezucker einrieseln lassen, die Zitronenschale zugeben und auf niedrigster Stufe weiterrühren, bis der Zucker gelöst ist. Die geschlagene Sahne vorsichtig unterheben.

3. Die Dickmilch-Creme und die Früchte in Dessertgläser einschichten und mindestens 1 Stunde in den Kühlschrank stellen. Mit Amarettini garniert servieren.

Zutaten für 4 Portionen

150 g Aprikosen, gewogen ohne Stein
200 g Heidelbeeren
200 ml Sahne
250 ml Dickmilch
2 Beutel (je 15 g) Instant-Gelatine
50 g Zucker
1 Päckchen Vanillezucker
1 TL abgeriebene Zitronenschale
4 Amarettini

Pro Portion: **1361 kJ / 324 kcal / 17 g Fett / 2,2 BE**

Diät-Tipp:

Wenn Sie Verlangen nach Süßigkeiten haben, dann riechen Sie doch einfach an Vanille! Der Vanilleduft kurbelt nämlich die Produktion des Gute-Laune-Hormons Serotonin an, und dieses dämpft den Heißhunger!

Zubereitung: 15 Min

Vitaminbombe
mit Haselnuss-Krokant

1. Die Erdbeeren waschen und vierteln, den Stiel entfernen. Die Himbeeren waschen und verlesen, ebenso die Heidelbeeren. Die Kiwis schälen und in kleine Stücke schneiden. Alles vermengen und 1 EL Zucker darübergeben.

2. Die Schlagsahne ohne Zucker leicht anschlagen. Etwa die Hälfte zur Seite stellen, zur anderen Hälfte den Rahmjoghurt und den restlichen Zucker dazugeben und vermengen.

3. In einer kleinen Pfanne den Zucker und die Butter für den Haselnusskrokant schmelzen lassen. Die grob gehackten Haselnüsse einrühren, die Masse nicht zu dunkel werden lassen. Den Krokant auf ein Backpapier geben und mit einer Gabel verteilen. Abkühlen lassen, evtl, mit einem Nudelholz weiter zerbröseln

4. In Glasbechern abwechselnd Früchte und Rahmjoghurt einfüllen. Mit dem Joghurt abschließen. Jeweils einen Klecks Schlagsahne oben drauf geben und mit dem Krokant dekorieren.

! Je nach Geschmack können Sie die Vitaminbombe auch mit Quark oder Mascarpone herstellen. Die Früchte müssen allerdings frisch sein, sonst wird das Dessert wässrig.

Zutaten für 6 Portionen

500 g Erdbeeren
150 g Himbeeren
150 g Heidelbeeren
2 Kiwis
500 g Rahmjoghurt
150 g Schlagsahne
80 g Zucker

Haselnuss-Krokant
60 g Zucker
1 EL Butter
50 g Haselnüsse

Pro Portion: **1416 kJ / 338 kcal / 12 g Fett / 3,0 BE**

Zubereitung: 25 Min

kcal Fett

Himbeer
Quarkspeise

Zutaten für 6 Portionen

2 Packungen gefrorene Himbeeren
500 g Rahmjoghurt
500 g Magerquark
100 g Puderzucker
2 Blatt weiße Gelatine
2 EL Himbeergeist
100 g frische Himbeeren
200 ml Schlagsahne
1 Päckchen Vanillezucker

1. Die Himbeeren auftauen lassen, dann im Mixer pürieren und durch ein feines Sieb streichen. Den Joghurt mit Magerquark und Puderzucker verrühren. Zusammen mit den passierten Himbeeren zu einer glatten Himbeercreme verrühren.

2. Die Gelatine in kaltem Wasser einweichen, ausdrücken und im erwärmten Himbeergeist auflösen. Unter die Himbeermasse rühren.

3. Einen Teil der frischen Himbeeren vorsichtig unterheben und die Himbeercreme in Dessertgläser füllen. Für mindestens 2 Stunden in den Kühlschrank stellen.

4. Vor dem Servieren die Schlagsahne mit dem Vanillezucker steif schlagen. Auf die Quarkspeisen verteilen und mit den frischen Himbeeren garnieren.

Pro Portion: **1664 kJ / 397 kcal / 12 g Fett / 2,7 BE**

Zubereitung: 10 Min

Smoothie

frisch und lecker

1. Die Erdbeeren putzen und vierteln Auf einem Tablett oder Teller ausgebreitet im Tiefkühlfach einfrieren.

2. Die Banane schälen. Mit Orangensaft, Honig und den gefrorenen Erdbeeren glatt pürieren. Sofort servieren.

! Mit etwas mehr Orangensaft ist der Smoothie nicht ganz so dickflüssig: Perfekt für warme Tage!

Pro Glas: **578 kJ / 138 kcal / 0 g Fett / 2,2 BE**

Zutaten für 4 Gläser

400 g Erdbeeren
1 Banane
300 ml frischer Orangensaft
1 EL Honig

Info:

Aus archäologischen Funden weiß man, dass die Erdbeere schon in der Steinzeit bekannt war. Aus dem Mittelalter sind große Flächen, auf denen die kleine Walderdbeere kultiviert wurde, nachgewiesen. Die Größe der Frucht änderte sich erst mit der Entdeckung Amerikas: Französische Siedler fanden am St. Lorenz-Strom eine großfruchtige Art und brachten sie nach Europa.
Um 1750 entstand aus verschiedenen Kreuzungen die sogenannte Ananas-Erdbeere – die Stammart unserer heutigen Gartenerdbeere.

Register

Register

Register

Bibliografische Information der Deutschen Nationalbibliothek
Die Deutsche Nationalbibliothek verzeichnet diese Publikation in der Deutschen Nationalbibliografie; detaillierte bibliografische Daten sind im Internet über http://dnb.d-nb.de abrufbar.

Meine leichte und schnelle Küche
Nadine Krüger

Vielen lieben Dank an Lis, Paula, Heike, Philip, Maria, Henrik, Mona und Burkhard

Originalausgabe:

verlegt durch EGMONT Verlagsgesellschaften mbH, Gertrudenstraße 30-36, 50667 Köln

1. Auflage
Redaktion: Blattgold GmbH, München; Katrin Kaiser, Dr. Alexandra Magnussen
Umschlaggestaltung: Oliver Peschke
Titelfoto und Fotos von Nadine Krüger: © Henrik Jordan, Berlin
Foodfotografie: istockphoto, Fotolia
Druck & Verarbeitung: Firmengruppe APPL, aprinta druck, Wemding
ISBN 978-3-8025-1776-1

www.vgs.de